Und laß als Pfand,
mein Liebling, dir das Meer

SERIE PIPER
Band 948

Zu diesem Buch

Touristisch ist der katalanische Sprachraum – Mallorca, die Costa Brava und ihr Hinterland, Barcelona und Umgebung – schon seit langem erschlossen. Literarisch ist dieser Kulturraum, der auf eine tausendjährige Geschichte zurückblickt, über die Grenzen Spaniens hinweg nahezu unbekannt. Die vorliegende Anthologie lädt deshalb zu einer Entdeckungsreise ein: Die fünfzehn hier vorgestellten Erzählungen sind nach 1939, also nach dem Ende des Spanischen Bürgerkriegs entstanden. Ihre Themen sind die aller großer Literatur: Liebe, Tod, Einsamkeit und die Suche nach menschlicher Nähe. Sie zeugen eindringlich von der Kraft der katalanischen Kultur, die allen Versuchen der politischen Unterdrückung in der spanischen Nachkriegszeit trotzte. Der literarische Wert dieser Texte ist unbestritten; gleichzeitig ist ihre Lektüre ein kurzweiliges, unterhaltsames Leseerlebnis.

Angelika Maass, geboren 1952 in Sonneberg/Thüringen. Studium der spanischen Literatur, Literaturkritik, Germanistik, Philosophie und des Katalanischen in Zürich und Madrid. Literaturwissenschaftlerin und Publizistin. Lebt in Zürich.

Und laß als Pfand, mein Liebling, dir das Meer

Katalanisches Lesebuch

Herausgegeben
und aus dem Katalanischen übertragen
von Angelika Maass

Mit einem Nachwort
von Àlex Broch

Piper
München Zürich

Lesebücher in der Serie Piper

Bayerisches Lesebuch
Von 1871 bis heute (431)

Unter apenninischem Himmel
Italienisches Lesebuch (600)

Das Lied des Feuers
Lateinamerikanisches Lesebuch (900)

Ciao, Bellezza
Deutsche Dichter über Italien (999)

Lächelnd über seine Bestatter: Österreich
Österreichisches Lesebuch von 1900 bis heute (1040)

Ich ging durch Meer und Steine
Israelisches Lesebuch (1041)

Die Provence – Morgensegel Europas
Deutsche Dichter über die Provence (1075)

Blütenmond
Japanisches Lesebuch 1650–1900 (1192)

Zeit der Zikaden
Japanisches Lesebuch
Erzählungen der Gegenwart (1193)

Am Tag, als E. M. Forster starb
Englisches Lesebuch (1218)

ISBN 3-492-10948-9
Mai 1991
R. Piper GmbH & Co. KG, München
Lizenzausgabe mit freundlicher Genehmigung der
Vervuert Verlagsgesellschaft, Frankfurt/M.

Umschlag: Federico Luci,
unter Verwendung des Gemäldes »Spanische Landschaft«
(1879) von Ferdinand Hodler
Druck und Bindung: Clausen & Bosse, Leck
Printed in Germany

Llorenç Villalonga

Julieta Récamier

I

»Zum ersten Mal sah ich Madame Récamier im Boudoir der Madame de Staël. Sie kam plötzlich herein, weiß gekleidet, und setzte sich in die Mitte eines Sofas aus blauer Seide. Madame de Staël fuhr, sehr lebhaft und beredt, in der Unterhaltung fort, doch meine Augen waren auf Julieta gerichtet. Nie hatte meine Phantasie dergleichen ersonnen. Ich fühlte die Unruhe emporquellen: Madame Récamier ging fort, und ich sah sie erst zwölf Jahre später wieder.«

Warum bringe ich diese Zeilen des Autors von *Atala* mit meiner ersten Erinnerung an Madame Tassin in Verbindung? Es war ein sonniges, gewöhnliches Zimmer: impressionistische Bilder übelster Machart, Keramiken aus der Gegend, ein Bändchen mit Versen in der Sprache der Einheimischen. Alles hatte diesen stümperhaften, mittelmeerischen Anschein, der klassischen Geistern mißfällt. Ein zartes Parfum, von ihr erfunden, eine Mischung nach unglaublich geheimem Rezept, ging ihr von der Diele her voraus. Danach zeigte sich ein Nimbus aus leuchtendem Halbdunkel, die Sonne verfinsterte sich ein wenig, es erloschen die Glanzlichter auf den dummen Keramiken, und es erschien, umhüllt von grauem Pelzwerk, die Dame.

Als erstes bemerkte ich die rosaroten Edelsteine der Ohrgehänge: es war der gleiche Farbton wie auf ihren Wangen. Schade, daß ich mich nicht an den Namen, den ich mir gar reizvoll vorstelle, erinnere, wenn ich ihn je gewußt habe. Madame Tassin streckte mir die Hand entgegen, die ich aber nicht zu küssen wagte, und ich zog mich verwirrt zurück, in diesem leicht schwindeligen Zustand, den die Ehrbaren und die Ätheromanen kennen.

Es vergingen keine zwölf Jahre wie in der Geschichte von Chateaubriand, wohl aber zwei Wochen, was fast dasselbe ist. Es war in jenem Winter. Die Fremden spazierten in bloßem Hemd durch den Terreno, die Briefe kamen mit einem schwärzlichen Stempel von der Post: *Mallorca. Ideales Klima*. Trotz allem war es kalt. Neben dem erloschenen

Ofen, in den Händen das eisige, in der Redekunst der Einheimischen gehaltene Buch von Aina Cohen, blieben die Tränen zitternd in den Augenlidern hängen, gleich Wassertropfen in unentschiedenen Wolken. In einer konzentrischen Kirsche drang, durch Portieren und Wandschirme hindurch, die Mischung nach unglaublich geheimem Rezept bis hin zu uns. Der Nachmittag schien zu leuchten, und Madame Tassin setzte sich zu uns und redete voller Anmut über die banalsten Dinge. Durch Stilisierung der Höflichkeit war sie zur Güte gelangt: aus ihrer Welt heraus — vielleicht das neblige London oder das wie ein Schmuckkästchen behängte und mit Matten ausstaffierte verborgene *Home* in einer ganz gewöhnlichen Straße der Ciutat de Mallorca — konnte Madame Tassin alle Gesichter der Bosheit und der Tugend anlächeln: sie befand sich in der Lage, ungestraft gut oder schlecht (aber das ist einfacher) zu sein. Wenn man einen besonderen *Charme* besitzt, Steine so rot wie Blut und ein Parfum wie eine Sinfonie, dann gelten weder Buch noch Gesetz. Der gute Geschmack erfordert sodann, daß man seine Vorrechte nicht mißbraucht. Madame Tassin vereinigte eine ganze Kultur in sich und hätte höchst bedeutsame Dinge sagen können. Und gerade darum sagte sie sie nicht. Als Proustianerin — ohne je Proust gelesen zu haben — verachtete sie, die Formverliebte, Anekdoten und Einfälle. Manchmal brach unter den Literaten, die sie umgaben und denen sie aus lauter Güte nachgab, ein Streit aus. All diese Herren trugen dreist ihre hohle, affektierte Gelehrsamkeit zur Schau. Beim Tee warfen sie einander unpassende Adjektive und unerträgliche Namen — Cervantes, Shakespeare, die Bibel — an den Kopf, deren bloßes Aussprechen schon einen doppelten Verstoß gegen Anstand und guten Geschmack darstellt. Weit entfernt vom Wunsch zu glänzen, da sie selber bezaubernden Glanz besaß, hatte es Julieta nicht nötig, verrottetes Schrifttum zu vergöttern. Sie pflegte zu schweigen und stellte, über all die leere Rhetorik hinweg, fest, daß die Dichterin Aina Cohen schmutzige Ohren hatte oder daß der Marquis de Collera, der lateinische Redensarten von sich gab und immer von den klassischen Epochen redete, einen fetten Bauch hatte und seine Krawatten nicht in Übereinstimmung mit seinem Titel zu wählen verstand.

Man sah sie selten in der Stadt. Sie ging fast nie ins Theater, denn freilich, für sie gab es keine Theater. Eines Tages — dies geschah ein wenig später — sahen wir sie im Principal, in einer Komödie der Brüder Quintero. Das beeindruckte uns dermaßen, daß wir weinen mußten. Das einfältige, kreuzdumme Publikum — es klatschte den Quinteros Beifall und schauderte nicht angesichts der Katastrophe, die Madame Tassins Anwesenheit da, unter ihnen, wie andere im Parkett sitzend, bedeutete — hatte ihre Anwesenheit nicht einmal bemerkt. Die Beleuchtung erhellte die Szene, welche einen Garten aus Pappmaché, mit Korbstühlen und einem Marmortisch, darstellte. Die Hauptdarstellerin, eine Arbeiterin, schlecht geschminkt, deklamierte wie ein Vögelchen:

> *... Es war eine Quelle, still,*
> *kristallenklar*
> *Und über ihren Rand geneigt,*
> *sich eine unbefleckte Rose zeigt ...*

Zehn Gerechte — das sagte der Herr — hätten gereicht, um Sodom zu retten. Doch im Teatre Principal, voll wie es war, fänden sich keine zehn Gerechte; trotzdem — bedenket die Güte Gottes — fiel kein zweiter Feuerregen. Julieta Tassin, von einem Nimbus umschienen, den niemand sah, besaß die Erhabenheit einer Gestalt in der Wüste. Und noch über den Nimbus hinaus verbreitete sich, in konzentrischen Schichten, die duftende Mischung. Und dort endete das Universum. Die Szene, eben noch hell erleuchtet, wurde dunkel. Das Quintero'sche Wortgeklingel verstummte, das Publikum löste sich auf, und wir verloren das Bewußtsein. Als wir nach Hause kamen, schimpfte die Mutter mit der Kinderfrau.

Man hatte uns beigebracht, Madame Tassin nicht das Gesicht, sondern die Hand zu küssen, weil Julieta nicht einfach irgendwie geküßt werden durfte und wir gerade neun Jahre alt geworden waren. Unsere Lippen, die diese Haut nicht zu berühren wagten, ruhten auf den Diamanten des Fingerrings und genossen den schmerzhaften Druck, der sie mitunter zum Bluten brachte. Sie sprach mit uns wie mit erwachsenen Personen (wobei sie aber auch mit den Erwachsenen immer wie mit Kindern sprach) und wußte bestens über unsere beinahe inzestuöse Leidenschaft Bescheid. Ihr Mann wußte nichts davon, und die Freundlichkeit, mit der er uns empfing, war entzückend. Der Erzfranzose hätte über unsere schlaflosen Nächte lachen müssen. Gewiß hätte er uns im *Bazar Moderno* eins der teuersten Pferde gekauft und das Ereignis abends mit Julieta vergnügt besprochen. Doch sie — dessen bin ich sicher — hätte nicht gelacht.

Madame Récamier, ich meine: Madame Tassin, besaß auch ein hübsches weißes Kleid, ein Ballkleid, und als wir gerade Chateaubriand lasen, bewogen wir sie zum Kauf eines Sofas aus blauer Seide, in dessen Mitte sich die Göttin manchmal setzte. Warum nahm Julieta fast immer auf unsere Andeutungen Rücksicht? Wollte sie uns damit für das himmlische Leid entschädigen, das sie uns unfreiwillig zufügte? Wollte sie, mit ihrer Empfänglichkeit für Moden, Psychologie an uns studieren? Was taten wir als Kinder — wir waren neun Jahre alt! —, und wie bereuen wir es jetzt! Madame Tassin war durch Stilisierung zur Güte gelangt, oder, wenn man will, durch Snobismus. Julieta Récamier ist ein historisches Beispiel für Keuschheit. Es war unmöglich, daß diese außerordentliche Dame ihren Gatten wie eine gewöhnliche Ehefrau betrügen sollte. Doch wenn das möglich wäre, dann war es mit uns, die wir neun Jahre zählten — sie hatte keine Kinder —, mit denen sie einen Ehebruch begehen mußte, und das würde, im Grunde ihres Herzens, fast ein Inzest sein.

II

Es gab da einiges Dunkel um jene Gestalt — so hell sie andererseits war! Vielleicht war ihr Mann, der wesentlich älter war, ihr Vater. Vielleicht waren die beiden jungen Leute, die sie auf ihren Reisen begleiteten — Pau und Príam —, ihre Söhne: Julieta triumphierte über die Feuilletonpresse, die sie nicht beflecken konnte. Pau und Príam sahen ihr ähnlich: beide hatten nordische Augen, einen mythologischen Anschein. Die Natur hatte bei ihnen — mehr als bei Julieta — den Kult der Form zu weit getrieben. Denn während in Julieta der Verstand angesichts der Poesie der reinen Form zwar überrascht schwieg, aber jederzeit sprungbereit war, hatten Pau und Príam den Vorzug, annähernd schwachsinnig zu sein. Sie waren auf allen Tees zu sehen, tadellos gekleidet, redeten kein Wort, ja langweilten sich nicht einmal, denn hinter der Langeweile steht ja der unbewußte Wunsch, etwas zu tun, und einen derartigen Wunsch konnten sie nicht verspüren. Ihre Anwesenheit machte überall großen Eindruck, doch sie wußten das nicht und es war ihnen einerlei. Príam spielte zwei oder drei Stunden Tennis, und die Aufschläge des Balles auf dem Rakett füllten sein Leben hinlänglich aus. Pau, der wie der Sohn von Madame Surgis fast blind war, konnte als einzigen Sport Schwimmen betreiben. Um einen Sinn ärmer als sein Bruder, ersetzte ihm die Haut das Sehorgan und reduzierte seine Welt auf Tast- und Wärmeempfindungen, wie bei manchen Gliederfüßlern. Beide redeten in einer unverständlichen Sprache, einem verschlüsselten Französisch, dessen Wortschatz nicht über fünfzig Wörter hinausreichte. Sicher in Art und Auftreten, paßte ihre Erscheinung in jedweden Salon. Jeden Abend, nach dem Essen, machten sie Julieta einen Besuch: sie erkundigten sich nach ihrem Befinden, streiften mit den Lippen die Hand der Gottheit, und nachdem sie sich eine Zigarette gedreht hatten, brachen sie auf zum Hotel Oriana, wo sie, ohne je zu träumen, schliefen, bis sie vom Etagenkellner geweckt wurden.

Monsieur Tassin, zufrieden und redselig, liebte alle Seiten des Lebens gleichermaßen und konnte Julieta nicht in ihrer Vollständigkeit fassen. Er war natürlich stolz auf seine Frau, doch sah er sich nicht sonderlich vor, wenn er mit ihr sprach, und hatte eine respektlose Art, ihre Schönheit zu rühmen. Zu sagen nämlich, daß Julieta schön sei, war ebenso absurd, wie wenn man sagte, daß Gott intelligent sei. Julieta ließ sich, wie Gott selbst, nicht definieren. Man begriff es in bebender Erregung ... Oder man begriff es nicht. Dieses Beben hatten auf Mallorca nur vier oder fünf Personen empfunden: die andern, wohl ahnend, daß es so etwas gab, sprachen davon wie ein Blinder vom Licht. Alle neigten dazu, sie herabzusetzen. Doktor Nouvilas rühmte in beklagenswerter Verwechslung der Dinge ihre Sanftmut, mit Recht, doch fügte er das Wort *feminin* hinzu, und Madame Tassin, plötzlich ihres Ansehens von Eleganz und Feinheit beraubt, wurde zur Heldin eines kitschigen Liebesromans. Wohingegen der dekadente Dichter Pere de Vidal Madrigale schrieb, in denen *figulina* auf *morfina* reimte und Julieta als *cocotte* erschien. Die Pedanten schließlich sprachen von Kultur. Und darin glichen sie Zolas Bauer, der im Saal der Gioconda — im Louvre — einzig und allein bemerkte, daß der Fußboden gebohnert war.

Man verstand Madame Tassin in mühsamem Entwicklungsprozeß oder besser noch durch unmittelbare Intuition. Für letzteres war jedoch ein Minimum an Lauterkeit unerläßlich. Lediglich ein Kind konnte hier bei uns den ganzen Zauber der Göttin fühlen, ohne ihn mit dem Verstand erklären zu müssen. Julieta wußte das und verschmähte es nicht, so verehrt zu werden.

Morgens pflegte sie uns im Bett sitzend zu empfangen, und manchmal schlief sie auch noch, wenn wir kamen. Sie hatte einen leichten Schlaf, und ihr Erwachen war heiter, da ihre Nerven im Gleichgewicht waren. Das Schlafzimmer war gemütlich und einfach, ein blaues Etui mit romantischen Reminiszenzen — darunter das Sofa der Madame de Staël, zu dessen Kauf wir sie bewogen hatten. Ein unschuldiges Schlafzimmer, dessen kindliche Note zusätzlich durch irgend ein Spielzeug, das ich vergessen hatte, betont wurde: ein Kreisel, ein Pferd, eine Eisenbahn. Manch einer dieser Gegenstände wurde dann von Julieta in Gebrauch genommen; so versteckte sie das Döschen mit den Ätherkapseln im behaarten Bauch des Pferdes und hängte, wenn sie ins Bad ging, ihre Perlenschnur über den Hals des Tieres, das sie mit starren Augen fasziniert betrachtete. Ich meinerseits war Nutznießer ihrer Parfums und der goldenen Marmeladen, die man ihr auf spielzeuggroßen Kristallschalen servierte. Ich war sehr eitel geworden und hätte mich den ganzen Tag lang waschen mögen. Sie kämmte mich und lobte die Feinheit meiner Haare, die sie am Ende noch färbte, denn diese Dame stilisierte einfach alles. Ich mußte damals zwangsläufig daran interessiert sein, die Schmeicheleien der Göttin zu verdienen. Heute, da ich die Erde bald verlassen werde — denn in meinem Alter ist jeder Tag, den man lebt, ein Geschenk —, kann ich, nach all den langen Jahren, meine Gestalt objektiv sehen. Jene, die sich bei der Lektüre durch die heidnische Erinnerung der Szenen, die ich beschreibe, beunruhigt fühlen sollten, mögen bedenken, daß sowohl Madame Tassin als auch ich selbst nur noch als herumirrende Kreaturen existieren, die darauf warten, vor Gott hinzutreten, auf daß er uns richte.

III

Neben Julieta, blond wie Venus, mochte ich an Eros, den Sohn und Gatten, erinnern. Heute begreife ich, warum man so sehr darauf drängte, mir die Haare dunkel zu färben, und an der Feststellung Gefallen fand, daß ich *wilde, schwarze* Augen hatte — Zigeuneraugen, direktes Erbe eines Schmugglers vom Albaicín, hatte doch die vitalste meiner Großmütter sich einer ehelichen Untreue schuldig gemacht. Man muß sich Julieta auf ihrer Empire-Liege vorstellen, in der gleichen Haltung und mit dem gleichen Kleid, wie David sie porträtiert hat, und auf der Matte neben ihr den kleinen inzestuösen Gott betrachten, wie er mit dem Köcher spielt. Konnte denn Madame Tassin, gegenüber Louvre und Tuilerien geboren, vom beflügelten Zuschauer dieser Szene unbeeindruckt bleiben? Ich war, wie alle Kinder, äußerst eifersüchtig. Ich wäre es nicht so sehr gewesen, wenn ich Julieta besser gekannt hätte. Pau und Príam galt mein ganzer Haß, kamen sie mir doch groß und männlich vor; gerade darum aber waren sie für meine Freundin uninteressant. Diese Frau konnte, wie Leda, von einem Schwan oder von einer Biene geliebt werden, aber nicht von einem Sportsmann. Sie tanzte auf den Tees gern mit Príam, den sie wie einen Gegenstand bewunderte; sie rühmte Paus gefühllose Augen, die so klar und gefühllos waren, daß sie an die Augen einer Statue erinnerten: weiter reichte ihr Streben nach Intimität nicht. Die ehrbare einheimische Damenwelt, die sich entrüstete bei der Vorstellung, Julieta erlebe all die Abenteuer, die sie selbst gern bestanden hätte, bewies, daß sie sie nicht kannte: Julieta stand allen primären Empfindungen so fern, daß sie sie sich fast nicht vorstellen konnte. Der Umstand, daß Madame Tassin den Verzehr der *Boys* bezahlte, hatte nicht mehr Bedeutung als das Halten von Rennpferden, einer Jacht oder eines Schloßes. Das konnte man auf Mallorca einfach nicht begreifen, obschon man ja wußte, daß Monsieur Tassin Multimillionär war; doch es war nun einmal so.

Ich wohnte einer Szene bei, welche Beweis für ein ebenso edles als auch empfindsames Herz war. Es war bei einem Mittagessen in engstem Kreis, das Monsieur Tassin zu Ehren eines auswärtigen Literaten gab. Die Künstlerschar, welche das Ehepaar Tassin umstand und der Julieta aus lauter Güte nachgab, warf mit unpassenden Adjektiven und schrecklichen Namen — Cervantes, Dante, die Bibel — um sich, deren bloßes Aussprechen bereits einen Verstoß gegen Anstand und guten Geschmack bedeutet. Julieta, im weißen Kleid, hielt ein Glas Mandelmilch in der Hand, was schön mit ihr im Einklang stand, und ließ den verhaltenen Glanz jener bewundernswerten Augen umherschweifen, die so bald erlöschen sollten und welche dessenungeachtet Europa noch immer mit ihrem Glanz erfüllten. Zu ihrer Seite tranken, stillschweigend, Pau und Príam. Die beiden Brüder sprachen kaum unter sich, doch nie mit anderen Menschen. Príam, der zwar keine artikulierte Sprache kannte, hatte normale Augen; daß er die andern Besucher (obgleich er wegen seiner mangelnden Einbildungskraft nicht über sie phantasieren konnte) beobachten konnte, war ihm Unterhaltung genug, um sich nicht maßlos zu betrinken. Pau jedoch verstand nicht nur nichts, sondern sah auch nichts.

Da er seine Welt auf Tast- und Wärmeempfindungen reduziert hatte, merkte er, daß Alkohol sein Blut in Wallung brachte und daß dem Gebot des Blutes mit nichts besser entsprochen werden kann als mit der zarten Haut einer Frau. Vom Instinkt geleitet, hatte die seine Julietas Haut zweimal leicht berührt. Sie erhob sich und führte ihn Arm in Arm mit fort. Ich folgte ihnen durch einen dunklen Korridor. Ich hielt eine Flasche Kümmel in den Händen und zitterte vor Angst, Wut und Eifersucht. Ein Kuß erklang in der Finsternis und eine sanfte Stimme, nicht lüstern noch beunruhigt, welche bat:

»... Seien Sie vernünftig, Pau. Sie legen sich hin, und ich werden Ihnen eine Tasse Kaffee bringen lassen.«

Es geschah etwas Seltsames. Julieta mußte ausgerutscht sein, und beide purzelten auf den Boden hin. Im Dunkeln tastend, packte ich Pau bei den Haaren und zerschlug die Flasche auf seiner Stirn. Was für ein Schrecken — und welche Lust — das dampfende Blut auf meinen Kinderhänden! Julieta brachte den Verwundeten bis zu seinem Bett und verband ihn eigenhändig. Dann wandte sie sich zu mir, der ich erschrocken in einer Ecke stand, nahm mich in die Arme und überschüttete mich mit zärtlichem Trost.

»Mein armer kleiner Dodó ... Wie bist du denn nur auf Pau gefallen? Hast du dir weh getan?« Ihre Stimme zitterte ein wenig. »Ich bin schuld daran, weil ich auf den Fliesen ausgeglitten bin. *Mon amour* ... Wohin wolltest du denn mit der Flasche? Weißt du nicht, daß ich's nicht mag, wenn du Schnaps probierst?«

Und da sie in meinen Augen einen boshaften, vom Schmuggler-Großvater ererbten Schatten sah, ließ sie, um ihn unschädlich zu machen, ein kleines französisches Lachen ertönen, ein höfisches Lachen, farbig wie ein Vers von Molière:

»Nun sieh nur den armen Paul ... Jetzt gleich entschuldigst du dich bei ihm. Deinetwegen wird er zwei Wochen lang häßlich sein. *Regarde, mon amour* ... Du muß ihn sehr lieb haben, weil ich ihn auch lieb habe.«

Und da sie sah, daß der boshafte Schatten gar nicht verschwand, schob sie mich vom Bett weg und streichelte traurig über mein Haar:

»Dummerchen, auch du wirst eines Tages größer werden und wirst abscheuliche Dinge tun, ganz abscheuliche.«

Fast siebzig Jahre sind vergangen, und noch erinnere ich mich an den Klang dieser Worte, ein nüchterner, vielsagender Klang, bei dem die Ironie die ersten Silben des letzten Worts nach britannischer Art betonte, als ob jene Abscheulichkeiten, die ich eines Tages begehen sollte, sie nicht eben sehr empörten, sondern ein bißchen langweilten. So sublimierten sich in Julieta Tassin Güte und Lebenserfahrung, indem sie zu Stil wurden.

IV

Es ließ sich nicht sagen, wie alt Julieta war. Die ausgesuchtesten Kuren und kluge Gesundheitspflege trugen bei zur Bewahrung der Jugend, welche eine ruhige Seele gewährt. Alle vier, fünf Jahre verschwand Julieta von den Schauplätzen Europas, um einen ganzen Winter lang in einer unbedeutenden Provinz, wo es keine Gelegenheit zum Nachtleben gäbe, auszuruhn. Während dieser Zeit, da sie das Haus kaum verließ und keine Besuche empfing, widmete sie beinahe den ganzen Tag dem Schreiben etwas geschraubter Briefe und der sachkundig von einem geschickten Masseur praktizierten Wiederherstellung der schlanken Linie ihres sterblichen Leibes, um den sie die klassischen Göttinnen beneidet haben würden. Sie war so klug gewesen, sich vom Aberglauben an den Sport zu befreien, sowie vom Kult, den alle Ganoven und Zuchtlosen dieser Erde heute mit der Natur treiben. Gegenüber dem Louvre geboren, neben dem Ort, wo Anatole France lange Jahre wohnte, konnte Madame Tassin nicht verkennen, daß die dauernde Berührung mit der Natur das geistige Vermögen zunichte macht und daß die großen Panoramen schöner sind, wenn man sie eine Minute lang aus dem vorbeifahrenden Wagen erspäht oder vor einem Gemälde von Watteau im Museum erträumt. Deshalb hatte sie die *Villas*, die man ihr auf Mallorca angeboten, verschmäht und sich im Obergeschoß eines gewöhnlichen Hauses eingerichtet, das sie wie ein Schmucketui austapezierte, und hatte fast alle Fenster zugestellt. Die inneren Gemächer — das neoklassische Schlafzimmer und das pompejische Bad — hatten von oben einfallendes Licht, das von einer doppelten, mattierten Verglasung gedämpft wurde. Und so konnte man auf dieser ein wenig afrikanischen Insel die Atmosphäre der Seine-Ufer, so geeignet zum Denken und Träumen, nacherleben.

Wegen ihrer Lebensweise wurde die einheimische Sozietät des Prestiges von Madame Tassin gar nicht gewahr. Als der jüngste Sohn des Marquis de Collera in einer Londoner Zeitschrift die Fotografie Julietas erblickte, wie sie aus dem Flur ihres Hauses in der Ciutat (ein gewöhnliches Mietshaus mit einem Uhrmacherladen und einer Apotheke im Erdgeschoß) trat, und er wegen seiner unzulänglichen Englischkenntnisse die Bildunterschrift nicht entziffern konnte, glaubte er, statt die Wirklichkeit anzuerkennen, daher lieber an eine entsprechende Ähnlichkeit wie die von Santa Oliva mit Maria Antonia von Lothringen. Und als Jahre später die gesamte europäische Presse fassungslos Julietas Unglück kommentierte, sprach der jüngste Collera, der ein bißchen versnobt war, noch immer von einer Lady Tassin, »die er in London kennengelernt hatte«, wesentlich eleganter und greller aufgemacht als die berühmte Gottheit. Denn wie war es möglich, daß die Göttin ein viertes Stockwerk im Carrer de Colom bewohnte und, ähnlich wie die Duchesse de Guermantes, sich unter die anonyme Menge mischte und persönlich in den Kolonialwarenläden Schweizer Käse kaufte, daß sie mit dem Taxi zur Plaça del Mercat führe, den Fahrer eigenhändig bezahlte und dabei mit ihren Fingern die Kupfermünzen berührte? Alle Figuren brauchen ein Piedestal. Für Françoise war Marcel Proust ein kleiner Dummkopf. Die einheimischen Damen, die in Palästen wohnten, wo es überall hereinregnete, doch immerhin Paläste, vermochten nicht zu würdigen, was Julieta Tassin verkörperte in ihrem mit Seide ausgeschlagenen vierten Stockwerk, unendlich auserlesen zwar, doch eben bloß eine Mietwohnung. Vergeblich, daß sich die paar Menschen, welche auf Mallorca das wahre Wesen dieser Existenz ergründet und sich ihres beschwingten, quasi mystischen Zaubers erfreut hatten, es den andern zu erklären suchten. Auch das Vermögen von Monsieur Tassin konnte keinen erschüttern, gab er es doch auf glanzlose Art und Weise aus. Julietas Masseur, der zwei eigene Wagen besaß und in den besten Zimmern des Hotel Oriana wohnte, wurde einige Monate lang für eine bedeutend wichtigere Persönlichkeit gehalten als das Ehepaar Tassin.

Ein unvorhergesehenes, etwas ironisches Ereignis war vonnöten, damit sich unsere Gesellschaft dessen, was Julieta Tassin verkörperte, bewußt wurde. Seit sechs Jahren versuchte die Prinzessin Rumesco, mit Julieta in Verbindung zu treten. Diese mehrfach geschiedene, alkohol- und morphiumsüchtige *Vaudeville*-Prinzessin hatte sich an die Herzogin von Guise gewandt, um bei der Göttin eingeladen zu werden. Julieta, die für ihre rechtmäßige Königin Respekt empfand, hatte sich, der Heldentat des Grafen von Benavente nacheifernd, beeilt, ihr Haus in Paris zwar nicht gerade anzuzünden, wohl aber, es zu vermieten und Europa zu verlassen. Als die Rumesco triumphierend mit dem Brief der Königin beim Herrschaftshaus in der Avenue Kléber ankam, wurde sie von einem jüdischen Bankier empfangen, der sie mit einem faden Tee und Likören, die Flasche zu drei Franken, bewirtete, alles in prunkhafter Manier von kurzbehosten Dienern in löchrigen Strümpfen serviert. Darüber erhob die Rumesco lamentierend ihre Stimme, und da sie von Natur aus den Skandal liebte, schickte sie den Zeitungen ständig mit falschen Namen unterzeichnete Mitteilungen, in denen sie Julieta mit der ganzen Leidenschaftlichkeit und Niederträchtigkeit ihres orientalischen Temperaments verleumdete. Diese Verfolgung dauerte einige Jahre, bis eines Tages der Zufall die beiden Rivalinnen einander gegenüberstellte. Julieta, welche sich an all die Kampagnen der Prinzessin erinnerte, wollte dies nicht zu erkennen geben und lud sie mit einer Geste der Güte – Güte, zu der sie durch Stilisierung der Höflichkeit gelangt war – an ihren Tisch zum Abendessen ein. Die Rumesco küßte sie, ihr ewige Treue schwörend, auf den Mund und schickte ihr am folgenden Tag eine Diamantschließe und einen Strauß Veilchen: aus Respekt vor dem königlichen Blut der Prinzessin nahm Madame Tassin die Schließe an, schickte jedoch die Veilchen zurück und begab sich nach Mallorca in der Absicht, sich zu erholen und von lästigen Gefälligkeiten zu befreien. Die Rumesco, die sich gerade zum drittenmal hatte scheiden lassen, heiratete dann einen dekadenten Dichter und veröffentlichte ein Buch über ihre Beziehungen zu den Tassins, welche nicht über ein bedeutungsloses Abendessen und einige Gruß-Karten hinausgingen. Und so standen die Dinge, als diese grobe, unfähige Prinzessin – Ironie des Schicksals – Madame Tassin auf Mallorca in Mode brachte.

V

Vor einigen Jahren vermerkte die Condesa de Pardo Bazán als Charakteristikum unserer Zeit die Tatsache, daß sich die Eleganz aus den Reihen des Adels verlagert habe. Die Bezeichnung spießig-kitschig läßt sich gegenwärtig auf viele königliche Personen anwenden. Die Herrscherin von England trägt Hüte, die keine Modistin aufzusetzen wagte.

Und auf dem Balkan gibt es Operettenmonarchien im gleichen Stil wie in der *Liebesparade*. Trotz ihrer vornehmen Abkunft nahm in Europa kaum einer mehr die Prinzessin Rumesco auf, nicht nur wegen ihrer Skandale, sondern weil sie eine unerträgliche Frau war. Den Fünfzigern nahe, hatte sich ihre Libido mit den Jahren gesteigert. Sie war schrecklich dick geworden. Von ihrer zweifelhaften Schönheit bewahrte sie nur noch die dunklen, vom Laster überschatteten Augen, aus denen die ganze Lüsternheit und Niedertracht ihres orientalischen Temperaments hervorsah. In ihrer Gegenwart fühlte man sich versucht, nur obszöne Dinge zu denken. Doch das königliche Blut, das in ihren Adern floß, hielt Menschen mit wenig Phantasie von respektlosem Benehmen ab. Der Erzbischof, den sämtliche Tugenden zierten, zögerte nicht, jene Hand mit den ungeheuer rot lackierten Nägeln zu küssen, an der er nicht die erbärmliche Wirklichkeit erkannte, sondern einzig die Nachfahrin so vieler Monarchen, Helden und Heiligen. Die Prinzessin aß mit Gier und geriet, wenn sie beim Likör anlangte, in Wallungen. Eines Nachts im Speisesaal des Hotel Oriana, als sie nach zwei oder drei Flaschen Champagner halb eingedöst war, vergrub sie ihre Finger im lockigen Haar eines jungen Kellners, ohne daß die Gäste in dieser lasziven Gebärde etwas anderes sahen als die Freundlichkeit einer Königin, die es sich erlaubt, einen Untertan mit dem gleichen verächtlichen Wohlwollen zu streicheln wie ein Schoßhündchen. Zuletzt — und das brachte ihr Ansehen schließlich ganz herab — war sie mit dem Bezahlen ihrer Schulden immer sehr nachlässig und bettelte die Freunde ständig um kleine Geldsummen an.

Es ließ sich kaum eine unangenehmere Erscheinung für Julieta Tassin denken als Madame Rumesco. Darum hatten die Menschen aus Julietas Umgebung ihr verhehlt, daß sich die Prinzessin auf Mallorca befand. Bei Madame Tassin hatten nur wenige Menschen Zutritt, die natürlich alle der Göttin ergeben waren, manche aus eigener Überzeugung (nicht mehr als zwei oder drei), andere aus Snobismus. Diese Leute setzten ihren ganzen Stolz daran, alles, was sie stören könnte, von Julieta abzuhalten. Zöglinge sowohl als Diener (und unser Wort *criat* bedeutet beides zugleich), wandten sie stillschweigend die im ersten Kapitel erwähnte Formel an: *zur Güte gelangen durch Stilisierung der Höflichkeit*. Diese Formel stand für die ganze Madame Tassin. Soldevilas, die am leuchtenden Meer von Pollenca wohnten, schlossen die Balkontüren und zündeten die Lampen an, wenn die Göttin bei ihnen dinierte, denn Julieta liebte die Nebel von London, in denen sie ihre frühe Jugend verbracht hatte; und Boscanas, die am Hof gedient hatten, brüsteten sich damit, sie nie direkt anzusprechen und sich darauf zu beschränken, ihre Fragen zu beantworten, so in der reizenden Wohnung der Tassins die strenge Hofetikette einführend. Kaum hatte man von Madame Rumescos Ankunft erfahren, formierte daher der kleine Clan so etwas wie eine Wache, welche verhindern sollte, daß die Nachricht bis zu Julieta vordrang. Und möglicherweise hätten sie das Wunder zustandegebracht, daß die beiden Rivalinnen sich gegenseitig nicht beachtet hätten, wenn da nicht wir gewesen wären.

Julieta berücksichtigte jede unserer Launen. Sie wußte ganz genau, daß sie, ungeachtet der außerordentlichen Verehrung, die sie in gewissen Kreisen hervorzurufen pflegte, eigentlich nur von mir wirklich und wahrhaftig geliebt — und verstanden — wurde, einem kleinen, neun Jahre alten Ungeheuer, das bereits zu romantischen Schwärmereien, Tugendtaten und Verbrechen fähig war. Unsere Leidenschaft ängstigte sie ein wenig und gab ihr Gewissensbisse ein. Unwillentlich hatte sie den wertvollsten Teil der Kindheit in uns ausgelöscht. Diese Sünde, für die sie nichts konnte, vergalt sie uns mit ihrer Zärtlichkeit, welche sich all unseren Wünschen fügte und unsere Moral verdarb, bis wir zuletzt nur noch ein Auswurf waren. Denn die Seele dieser Frau war tragisch und stiftete Bezauberung oder Unheil um sich herum — sie, die doch auch ein so bewußter und vernünftig denkender Mensch war —, ohne ein Zutun des Willens. Das Schicksal spielte mit ihr und allem, was sie umgab. Ich erinnere mich an das letzte Mittagessen, das sie am Tag vor ihrer Rückkehr nach Frankreich in ihrer Bonbonnière gab. Der kleine Clan strahlte Optimismus aus. Zehn Jahre später sollten sämtliche Soldevilas an Lepra sterben; Monsieur Tassin hatte sein Vermögen verloren, Frau Boscana hatte sich das Leben genommen, ich war im Zuchthaus, und inmitten von all diesem Unglück erhob sich noch immer, vielleicht noch deutlicher als vor dem Hintergrund ihres Wohlergehens, Julietas berühmte Schönheit mit ihren wundervollen grauen Augen, welche Europa weiterhin erhellten, aber blind und gefühllos geworden waren wie die einer Statue.

VI

An jenem Tag waren wir mit einer fixen Idee in unserem Hirn eines übermäßig verwöhnten Kindes erwacht: wir wollten auf einen Faschingsball; zwar wußten wir nicht, was das war, doch stellten wir es uns voller Abenteuer und seltsamer Vergnügen vor. Julieta lachte ein bißchen, als ich ihr meine Idee morgens vortrug. Nachmittags versprach sie mir angesichts meines zornigen Schweigens, in ihrer kleinen Wohnung einen Maskenball zu veranstalten, und abends, in Anbetracht dessen, daß ich Fieber hatte und mich weigerte zu essen, gab sie schließlich nach, und der ganze Clan begab sich auf die Tribüne des Ballsaals im *Círculo*, von wo aus wir das Schauspiel unbeobachtet verfolgen konnten.

Ich habe bereits auf das Verhängnis hingewiesen, das auf dieser auserwählten Frau lastete und das sich später auf alle, die sie umgaben, erstreckte. Ruin, Selbstmord, Krankheit und Verbrechen sollten den Clan in kurzer Zeit vernichten. Nicht ein einziger derer, die Julieta zu begreifen und zu bewundern wußten, konnte seinem Schicksal entgehen. Die Wonne, eines Blicks aus den schönsten Augen Europas gewürdigt worden zu sein, mußte man sehr teuer bezahlen; daher begannen die grauen, von so manchen Dichtern besungenen Augen — Augen, die sich im milden Licht bretonischer Küsten geöffnet hatten, in einer Mühle, die sich über zartgrünen, saftigen Wiesen erhebt, denn Julieta war einfacher Herkunft — bald einmal ihre Sehschärfe zu verlieren, wie um das Unglück nicht sehen zu müssen, das sie unwillentlich verursachten. Als Soldevilas, vornehm und stolz wie Phädra und Enkel der Sonne wie sie, elendiglich im Sanatorium von Fontilles starben, vergossen Julietas Augen so viele Tränen, daß man, nach dem Wort eines elegischen Dichters ihrer Zeit, mit ihnen die väterliche Mühle hätte bewegen können. Später erschöpfte das tragische Ende der Gräfin von Boscama noch einmal ihre Tränen, und als wir lange Jahre danach die Schändlichkeit besaßen, im vollen Rausch den Erzbischof von Ligurien zu ermorden, dessen Tugenden die Christenheit erbauten, erblindeten Julietas Augen für immer. Wir waren damals gerade dreiundzwanzig Jahre alt geworden, wie alt man denn unbedingt sein muß, um in das Zuchthaus eingesperrt werden zu können, in dem ich jetzt meine Memoiren schreibe, an einem hohen Fenster mit Eisenstäben, durch welches abwechslungsweise das Rauschen des Ozeans, die unerbittlichen roten Strahlen der Sonne Spaniens — jener Sonne, die sie fürchtete und haßte — und der Schimmer eines weißen Mondes eindringen, welcher fern von den Leidenschaften und dem Elend der Sterblichen zu existieren scheint. In meinem Alter ist jeder Tag, den man lebt, ein geschenkter Tag, und es kommt nicht darauf an, ob man sie in einem Gefängnis oder in einem Palast beschließt. Ich bin glücklich in meiner Unterkunft, solange es mir nicht an Papier und Tinte fehlt, um meine Phantasien niederzuschreiben, die mich einst vor der Nachwelt rechtfertigen, wenn nicht freisprechen werden. Mein Kerkermeister ist nicht hart zu mir: er gibt mir Tee, Orangen und echten Kümmel. Seine Tochter hat für mich ein paar Federkissen bestickt, und — wofür ich unendlich dankbar bin: in all den fünfundfünfzig Jahren war es mir nie versagt, der Messe beizuwohnen. Trotz der Grausamkeit, mit der ich in den ersten Jahren behandelt wurde, so daß ich vor Hunger und Kälte fast starb, muß ich von diesen Seiten aus meine höchste Dankbarkeit gegenüber dem spanischen Staat offen aussprechen, und besonders dem Justizminister, der in den unheilvollen Tagen der Zweiten Republik einen Sonderzug einsetzte, damit der Dekan von Toledo an einem Ostersonntag die Strafanstalt vor zwölf Uhr erreichen konnte, als der Tod des Gefängnisvikars mich fast um die Tröstungen der Eucharistie gebracht hätte.

Ich brauche mich also nicht über mein Los zu beklagen, mit dem ich glücklich und ergeben lebe, und noch viel weniger der Göttin meine früheren Verfehlungen anzulasten, die für ihre Taten ebensowenig verantwortlich war wie der Windhauch, wenn er im Vorüberwehn eine Blüte entblättert oder ein Licht ausbläst. Doch möchte ich gern alle Eltern der Welt mahnen dürfen, diese Wahrheit nicht zu vergessen: keine menschliche Bezauberung ist statthaft, und für alle muß man früher oder später büßen. In meinem Elternhaus war man nicht in der Lage, zu erkennen, daß meine Beziehungen zu Madame Tassin heidnischer Art waren und daß ich, um mich von ihnen zu reinigen, wollte ich nicht wie ein Heide sterben, einer starken moralischen Erschütterung bedurfte, irgend eines schimpflichen Ereignisses — in meinem Fall die Ermordung jenes ehrwürdigen Prälaten —, das mich reagieren ließe und mir die Augen für das Licht der Wahrheit öffnete. Mit Angst schreibe ich diese Worte nieder, und meine Hand zittert dabei ... Sie sind eine Verurteilung, zwar nicht Julieta Récamiers, wohl aber der Empfindungen, die sie in den Herzen wachrief. Es gibt nur einen

Gott, doch auch jetzt noch verwende ich vielleicht im Geist die Bezeichnung »Göttin« für Julieta weiter. Die Macht blonder Haare, die lockig auf mandelweiße Haut herabfallen. Poesie erlesenen Parfums, duftender Mischung, fabelhaften Geheimrezepts. Süßer Rosenmund, den niemals je ein Mann geküßt! Unergründliche blinde Augen, die schon für immer die Leuchten der Welt sein mögen!

VII

Es war wirklich ein ungesunder, symbolträchtiger Anblick: eine Frau in Julietas Verhältnissen, die sich allen Launen eines Kindes beugte. Das zerstörte die Ordnung der Dinge. In der Tiefe des Prozesses schwelte so etwas wie eine unbestimmte Tragödie. Konnten sich Kunst und Schönheit, wie sie in Madame Récamier versinnbildlicht sind, meiner Spontaneität unterwerfen? Bei Euripides unterliegt Phädra, Tochter des Minos und der Pasiphaë — eine Enkelin der Sonne —, kläglich der Vitalität eines Skythen, Sohnes einer Amazone, der nur von Pferden zu reden weiß. Doch seien wir uns klar, daß das eigentlich Schlimme nicht Phädras Erniedrigung ist: dieser Vorgang zieht immer eine Folge nach sich. Wenn solche Dinge geschehen, erzittern sogar die Sphären, und Phädra reißt Hippolyt bei ihrem Sturz unweigerlich mit sich. Umsonst schreit Hippolyt, er wisse von nichts, noch sei er schuld an den Empfindungen, die er wachgerufen. Aus heutiger Sicht spielt in der Tragödie des Euripides vielleicht gar nicht die erotische Seite die Hauptrolle: im Grunde handelt es sich mehr um das Aufeinanderprallen zweier Rassen, um ein Problem des Verstehens — oder des Nichtverstehens — als um ein Thema der Liebe. Hippolyt hat, ohne es zu wollen — aber was zählt das schon! —, die Kultur mit Füßen getreten. Doch bei diesem Abstieg zu den lieblichen Wiesen der Spontaneität gelangt man nie bis zum letzten Absatz, und Hippolyt, unüberlegt gegen das von Neptun ausgesandte Ungeheuer kämpfend, wird von seinen eigenen Pferden zu Tode geschleift, die spontaner sind als er.

So also war es Julieta — die in einem Heim aufgewachsen war, wo sich in den glorreichen Tagen des Premier Empire die vorzüglichsten Mitglieder des Institut de France ein Stelldichein gaben, welche die Herzogin von Guise »meine liebe Cousine« zu nennen beliebte, deren Augen das Licht der Welt zum ersten Mal in einem Salon der Tuilerien erblickt hatten, in Anwesenheit der Kaiserin Eugenia, die sie in ihre

Arme nahm — eine Notwendigkeit, ihre ganze Überlegenheit der Laune eines Kindes zu unterwerfen. Viele Jahre hindurch habe ich mich gefragt, ob sie uns so für das göttliche Leid zu entschädigen suchte, daß sie uns unwillentlich zufügte; doch zweifellos war der Vorgang bei Julieta wohl tiefer und unbewußter. Vielleicht war es keine wirkliche Liebe mir gegenüber, sondern ein dunkles Bedürfnis, ihr psychisches Gleichgewicht wieder herzustellen, was sie Vergnügen empfinden ließ, wenn sie sich meinem Willen beugte. Phädra empfand ihre Leidenschaft nicht, weil Hippolyt jung und schön gewesen wäre, oder *gut*, wie Racine es haben will, sondern weil er der Sohn einer Skythin war und nur von Pferden zu reden wußte. Hier ist die Grundlage der klassischen Tragödie zu finden; es ist ein Problem der Kultur, und jene, die irgendetwas anderes daraus machen wollen — ein Rührstück in der Weise der Brüder Álvarez Quintero zum Beispiel –, verlieren nur ihre Zeit.

Meine Herkunft war sehr viel plebejischer als die des Hippolyt und von einer ununterbrochenen Reihe von Verbrechen befleckt, falls die Handlungen der Tiere verbrecherisch sein können. Einige moderne Schriftsteller haben im Benehmen meiner räuberischen Vorfahren, deren Heldentaten in den Volksromanen besungen werden, eine gewisse Ritterlichkeit erkennen wollen. Madame Tassin, geborene Herzogin d'Étampes, besaß lateinisch geschriebene Urkunden. Ich Bänkelsängerlieder, bunt und voller Wortgeklingel, die man für fünf Pfennig auf den Märkten kaufen kann. Meine Adelsbriefe waren weniger prachtvoll, aber nicht weniger blutig als die Julietas. Ein Nachgeborener aus dem Hause d'Étampes starb, ein Opfer der gallischen Höflichkeit, in der Schlacht bei Fontenoy, beim Ruf *Tirez les premiers, messieurs les anglais!* Diesen Satz hätten meine Vorväter nicht verstanden, die wie Diego Montes zwischen wilden Felsen aufgewachsen waren und so gewandt wie er, um immer als erste zu schießen. Eine meiner Ahnen war eine Hexe und stellte aus Kinderlebern magische Salben her.

Zur Schande des schönen Geschlechts
ward eine Frau geboren;
ohn' Ehrfurcht vor Gott und dem König,
ihren Trieben, den bösen, folgend,
schnitt sie unschuldigen Opfern
das Leberchen aus dem Leib.

Manchmal heftete Julieta, in bescheidenes Dunkel gekleidet, wie eine Dame, die nicht auffallen will, einen Moment die Augen auf die Leute, die, in den Säulengängen der Plaça Major, den fahrenden Sänger umringten. Dann sah sie mich an. Ein anderer meiner Vorväter, mit dem Spitznamen *El Camborio*, schwor, das Herz eines Gendarms zu verspeisen, welcher ihm Frau und zwei Kinder ermordet hatte:

Das schwor Rafael Camborio,
er schwor einen festen Eid:
»Das Land soll er nicht mehr betreten,
ohn' daß ich ins Herz ihm nicht schneid'.
Denn Gott, er steht über allen,
Und wenn Gott nicht hinreicht, so ich!«

Und dem anonymen Verfasser der Romanze zufolge hat er sein Versprechen anscheinend erfüllen können, unterstützt von den fünf Kindern, die er noch hatte, darunter eines von vierzehn Monaten, welche an dem noch zuckenden Eingeweide ein schönes Essen hatten. Ich hatte nicht das Bedürfnis, derartige Abschweifungen zu begehen, und wurde in allen Feinheiten der Moral erzogen, denn mein Urgroßvater hatte genug Geld gestohlen, um aus mir einen *Gentleman* zu machen. Mit neun Jahren kannte ich die Gedichte Aina Cohens und hatte Chateaubriand in der Originalsprache gelesen. Edle Parfums und schimmernde Perlen, die auf den weißen Dekolletés der Frauen glänzten, zogen mich an. Ich bewunderte Julieta, weil sie einen Frauentypus verkörperte, den sich meine Vorfahren viele Jahrhunderte lang nicht einmal im Traum hatten vorstellen dürfen. Ich war sehr gesittet. Ich stellte den Erwachsenen keine Fragen und wartete mit Reden, bis ich angesprochen wurde. Meine Nerven waren überempfindlich. Der Anblick Madame Tassins unter einem sonntäglichen Publikum im Teatre Principal ließ mich in Ohnmacht fallen. Wie weit zurück lagen die Räuber und Schmuggler von Albaicín! Plötzlich begann sich mein Blut auf seltsame Weise zu empören: ich brach Sekretäre auf, um Briefschaften an mich zu bringen, stahl Geld oder zerbrach eine Flasche auf der Stirne Paus. Julieta hatte immer den gleichen leisen Ausdruck eines kindlichen Gemüts, von Zartheit und Trauer:

»Mein armer kleiner Dodó, wie bist du denn nur auf Pau gefallen? *Regarde, mon amour*, deinetwegen wird er jetzt zwei Wochen lang häßlich sein. Wozu wolltest du denn das Geld, wo es doch alle Leute mit den Händen berühren? Du lieber Kleiner, meine Briefe sind gar zu traurige Geschichten ... Briefe von älteren Jungen als du, die von mir erwarten, was ich nicht geben kann ... Warum hast du meinen Sekretär aufgebrochen? Weißt du nicht, daß es ein Geschenk von Eugenia de Montijos Mutter war?«

Salvador Espriu

Tereseta-immer-die-Treppen-herab

I

»Das gilt nicht, das gilt noch nicht, du guckst durch. Du mußt die Augen zumachen, mußt uns den Rücken zudrehn und dabei Richtung Santa Maria schaun. Aber zuerst müssen wir noch die Strecke abmachen, nämlich die Seilerstraße, die Pumpenstraße, das Hintere Bäckergäßchen, die Kirchstraße und der kleine Platz. Nein, das Bächlein nicht, da bleiben wir nur im Sand stecken, und die Strecke ist schon lang genug. Wenn wir übertreiben, kriegen wir uns nie, und außerdem ist es zu anstrengend. Der Anschlag ist beim Pfarrhaus, einverstanden? Aber gemogelt wird nicht. Teresa guckt ein, los, laufen wir. Das gilt nicht, die linst ja. Meine liebe Teresa, ich hab' dir's doch gesagt, du sollst uns den Rücken zudrehn und Richtung Santa Maria schaun. Wenn du das tust, brauchst du nicht mal die Augen zuzumachen, aber du darfst dich nicht rühren, bis wir rufen. Also, habt ihr mich denn nicht verstanden? Durch die Turmstraße, ja doch, dann halt nochmal. Durchs Bächlein nicht, im Sand stolpert man nur. Du willst, daß wir neu auszählen? Wir haben doch schon, Teresa. Du bist nicht einverstanden? Die reine Zeitverschwendung! Es wird dunkel werden, man wird die Boote an Land ziehen, und wir haben noch nicht zu spielen angefangen. Eure › Panxita ‹ kommt von Jamaica zurück? Man könnte grad meinen! Mein Vater war noch weiter weg, sogar in Rußland. Mit einem Pelzmantel kam er und mit soviel Haaren, daß er wie ein Bär aussah. Als er eintrat, um für die glückliche Rückkehr zu danken, begrüßte ihn Bruder Josep d'Alpens, der auf der Kanzel stand, zum Spaß, als ob er der Teufel wäre, der Vater erzählt es immer. Also, spielen wir oder nicht? Scheint so, eure Fregatte ist die einzige auf der Welt. Mein Gott, bist du bockig! Zählen wir, und wen's trifft, der soll nicht meckern. Ich und du, Müllers Kuh, Müllers Esel, das bist du. Wieder du, Tereseta, so ist's recht. Verteilen wir uns. Du hinkst, Bareu? Wartet mal, Kinder, Bareu hinkt. Gibt's für ihn Sonderregeln, oder soll er den Anschlag hüten? Gut, soll er helfen, ihn zu hüten. Jetzt jammere nicht,

Tereseta, du stehst nicht allein an. Los, endlich. He, umgedreht! Mit oder ohne Hinken, wenn Bareu den Torwart macht, ist es fast unmöglich für uns, ans Pfarrhaus heranzukommen. Wer schreit da › fertig ‹? Nein, Teresa, nein, wir hatten uns noch nicht versteckt. Geh nicht die Treppen runter, Tereseta, ich sag, du sollst nicht runterkommen, irgend ein Trottel hat zu früh losgerufen. Ausreden, ich eine Schwindlerin, weil es mich erwischt hat? Du bist einfach nicht aufgelegt zum Spielen. Und du hast die Wut, weil du anstehn mußt, das ist es. Geh nicht die Treppen runter, hörst du nicht?, komm nicht runter. Also gut, streiten wir also. Ja, lauf mir nur hinterher, ich geb's auf.«

II

»Du hast sie nicht gesehen? Junge, wo lebst du denn, gestern sind sie doch zurückgekommen! Diesmal war's eine kapitale Reise von drei Monaten, durch die Ostsee und dann, auf dem Landweg natürlich, durch Deutschland, die Schweiz, Mailand, Venedig und Florenz. Die › Panxita ‹ ließen sie in Danzig. Seltsam, sie mußten gar nicht nach Italien, es war ja nur eine Seereise, eine Handelsfahrt. Sicher haben sie den Kapitän überredet, daß er eine Vergnügungsreise draus machte, eine romantische Tour. Ihr Vater gewährt ihnen alles, was sie wollen. Heute strahlen sie vor Glück, erzählen in einem fort. Sie haben eine ganze Menge herrliche Sachen mitgebracht: Kristallvasen aus Triest, Porzellan aus Capodimonte, Marmor, Seide, Medaillen. In Fiesole begegneten sie Vicenç de Pastor, oder er ließ es zur Begegnung kommen, denn er liebt Teresa. Ich vermute, daß er nicht allzu erfolgreich heimgekehrt ist, er läßt den Kopf hängen und mag nicht heraus mit der Sprache. Ja, das sind bildhübsche Mädchen, Teresa noch mehr als Júlia, etwa nicht? Da bin ich nicht einverstanden, Teresa ist die hübschere. Besonders seit der Rückkehr les' ich in ihren Augen einen Glanz, ein fernes andächtiges Licht, eine geheime und gleichzeitig offenkundige Freude. Júlia ist feiner, aber auch unscheinbarer, und sie ist kränklich. Die Mutter starb an Schwindsucht, das war ein schwerer Schlag für den Kapitän. Das und der Kummer mit dem Sohn, dem ungeratenen Jungen. Ich glaube, er ist jetzt auf Trinidad, inmitten von Negern und weißem Gesindel. Er hat eine Kreolin geheiratet, möglicherweise sogar eine Mestizin, sie haben ein schwächliches Kind, ein buckliges Mädchen, und ich glaube, sie müssen schmal durch. Da kommen sie näher. Schau, wie sie die

Treppen von der Kirche heruntergehn, nicht mal die Stufen berühren sie. Teresa ist wundervoll, bleib du nur bei Júlia. Ja, lach du nur, aber sie sehn aus wie zwei Herzoginnen, und heute abend, auf dem Tanzfest, werden sie die Königinnen sein.«

III

»Du brauchst Teresa nicht zu grüßen, die sieht niemanden. Wie hat sie sich verändert, wo sie doch immer so fröhlich war. Es waren ja auch viele Schläge, so einer nach dem andern. Júlia ist gestorben, nach langem Todeskampf und nachdem sie viele Monate tapfer mit dem Tod gerungen hatte. Am gleichen Tag, als sie starb, lief die › Panxita ‹ in der Rhonemündung auf Grund. Nein, der finanzielle Verlust war nicht sehr bedeutend, denn Vallalta ist reich, aber er liebte seine Fregatte über alles! Seit dem Schiffbruch ist er nicht mehr an Bord gegangen, er ist die Seefahrt leid. Er verbringt seine Tage in der › Pietat ‹, seinem Garten, inmitten von Bäumen und Büchern, und schaut von weitem aufs Meer. Dieser einst so starke Mann ist jetzt ein hinfälliger, schwacher Greis. Er erzählt nicht mehr von seinen Abenteuern zur See, verliert das Gedächtnis. Was war er nicht für ein Mann! Es heißt, als junger Kerl habe er sogar an Barcelós Feldzug gegen Algier teilgenommen, im letzten Jahrhundert, wenn auch die Jahreszahlen nicht ganz aufgehen mögen, und später ist er überall herumgekommen, in Iloilo, in Mexiko, auf den Nikobaren, in Neufundland, in Odessa, doch jetzt will der Kapitän nur noch im Frieden seines Baumgartens sterben, und seine Tochter pflegt ihn. Ja, Teresa ist eine Frau von vielleicht vierzig, vielleicht auch mehr, und Vincenç de Pastor wartet noch immer auf ein Wort aus ihrem Mund, aber Teresa liebt niemanden. Du brauchst sie nicht zu grüßen, es ist zwecklos, sie sieht dich doch nicht, geht automatisch die Treppen hinunter.«

IV

»Nun sieh nur, wie sie die Treppen herunterging, wirklich vornehm! Langsamen Schrittes, wie eine Dame, gemessen und leicht zugleich, in gleichmäßigem, festen Rhythmus, mit Stil und Schule, wie es sie nicht mehr gibt. Ja, Teresa ist sehr alt, du weißt ja, sie ist in meinem Alter. Ob ich mich erinnern kann? Wir haben so oft auf diesem kleinen

Platz zusammen gespielt: Verstecken, Mühle, standhafter Soldat, Spring-und-steh. Das ist jetzt alles lange her. Damals kam uns das Dorf größer vor, riesig, bunter, wie mit einem anderen Charakter. Auf unseren Streifzügen entdeckten wir immer wieder einen neuen geheimen Winkel. Jeden Nachmittag warteten wir am Strand, daß die Boote an Land gezogen wurden, manchmal auch auf die Rückkehr eines Segelschiffs aus den fernen Meeren von Amerika oder China. Mein Vater war auch Schiffsführer und kam bis nach Rußland, durch eisige Wasser, vorbei an Klippen aus Eis. Er kam dann zurück, in Pelze gekleidet, wie ein Bär, und in der Kirche erregte er Anstoß mit seinem Luxus. Das alles ist vorbei. Manchmal, in der Abenddämmerung, drangen wir tief ins Röhricht der Bäche ein, erfüllt vom Schauder des verbotenen Abenteuers. Da war vielleicht ein Nebelstreif auf dem Remei und eine Wetterwolke von Hexen in der Ferne, über der Muntala. Und wenn wir heimkamen, erzählten wir unsern Großmüttern, wie uns auf einmal ein Gespenst begegnet sei. Alles vorbei. Wir wuchsen heran und ich heiratete. Teresa und ihre Schwester Júlia, die vor vielen Jahren an Schwindsucht gestorben ist, reisten mit Kapitän Vallalta auf der ›Panxita‹. Später erlitt die Fregatte Schiffbruch, und bald darauf starben Júlia und der Alte. Und jetzt, du siehst es ja, geht Teresa an mir vorüber, ohne mich anzuschaun, gefolgt von der buckligen Nichte wie vom Schatten eines Hundes, streift an mir vorbei und schaut mich nicht mal an, aber meine Familie ist von mindestens ebenso vornehmer Abkunft wie ihre, und ich muß sie mit dem Titel anreden, wie eine Handwerksfrau. Alles hat sich verändert. Teresa ist eine traurige Alte, die nicht lachen kann. Und das Dorf kommt mir, und ihr sicher auch, so klein, so leer, so schäbig vor! Und einst stellte sich's unsre Phantasie wie in einer Wolke vor, grenzenlos. Pumpenstraße, Hinteres Bäckergäßchen, Turmstraße. Teresa stürmte die Stufen von der Kirche herab, und sieh nur, wie sie jetzt heruntergeht. Ganz vornehm, wie eine Dame schreitend, das schon.«

V

»Ja, also du meinst, der Sarg der ›Fregatte‹ ist nicht aus gutem Holz? Ach geh', sie mag ja knauserig sein, die Nichte, aber bei einem so wichtigen Detail würde sie doch nicht mit dem Pfennig geizen. Letzten Endes fließt doch dasselbe Blut in ihnen, und sie wird sich nicht dem Gerede der Lästermäuler aussetzen wollen. Siehst du, von der Magd oder was Schlechterem gar zur Herrin und Meisterin: so ist das Leben. Und wie krumm Senyor Vicenç de Pastor! Der sieht aus wie ein Axiom. Ja, gib dich keinen Illusionen hin, er ist so alt und so allein, und er soll sie ja immer geliebt haben, wer weiß ... Ja, eine Menge Leute, so etwas wird einem nicht oft geboten, nicht alle Tage sterben › Fregatten ‹. Puh, sehr reich, vorsichtig geschätzt zweihunderttausend Unzen, und das mag noch zu wenig sein. Der Haufen Geld, alles für den Buckel. O nein, meine Liebe, nein, das lockt mich nicht. Der Herrgott hat mich ganz gerade und ebenmäßig geschaffen, und gesund dazu. Das ist mir lieber. Dafür laß ich's liegen! Nun guck, wie sie umschwärmt wird, gestern fast noch mit der Peitsche weggejagt, und guck nun heute, wie sie ihr schmeicheln. Alle sind sie da: die kleine Dickmamsell, Fita Hinkebein, Caterina, Narcisa Mus. Die letzten drei haben die Alte eingekleidet, Paulina, die Nichte, war dazu nicht in der Lage, und jetzt lassen sie den Almosenteller herumgehn, die schlauen Füchsinnen. Weißt du, was Narcisa mir erzählt hat? Da haben sie doch, während sie die Mantille der Verstorbenen suchten, in einem Schächtelchen blonde Locken und das Bildnis eines Mannes gefunden, eines großen, kräftigen Jünglings. Ja, warte, ein Name stand darunter, ein sonderbarer Name, wie von einem Franzmann. Und kein Mensch hat je etwas geahnt, sie ist ja so viel herumgereist! Und sie immer die Harte, Stolze. Sie grüßte die Patin nicht, meine Patin, Gott hab sie selig, weil sie arm war, und dabei hatten sie als Kinder zusammen gespielt. Und da siehst du nun: einer, so ganz heimlich. Naja, es ist ja nur eine Vermutung, kann sein, daß sie vielleicht nie etwas Schlechtes getan hat. Ruhe, da wird sie schon heruntergetragen. Schwer wird sie sein, und diese Treppen sind schmal, daß sie nur nicht ausrutschen. Das Holz ist teuer, daran ist nicht zu zweifeln, es ist teuer, ich hab's dir ja gesagt. Die Bahrenträger schwitzen, man kriegt's mit der Angst, sieh, wie schwitzen. Mal sehen, ob sie sie die Treppe herunter entzweischlagen.«

Salvador Espriu

Mariàngela vom Kräuterladen

Ich verstand einfach nicht, wie sie bei diesem riesigen Angebot an heilsamen Kräutern hatte krank werden können. Sie hatte ihren Kampf, wie sie selbst versicherte, auf den Glauben an die Heilmittel der Natur gegründet, an welchem auch mein erster Lehrer in Latein und Griechisch, Mossèn Silví Saperes, teilhatte. Gegen Abend, zur Stunde, da ich schaue, wie vom Nebel der Asphalt in meiner Straße glänzt, betrat der Pfarrer immer den Laden der Kräuterhändlerin, vielleicht um die Wirksamkeit irgendeines Rezepts zu empfehlen, das er den Papieren des Genover de Vilanant, Schüler des Senyor Vehí, Landmann aus La Pera, entnommen hatte. Den Ehrenplatz in Mariàngelas Geschäft nahmen zwei stümperhafte Gemälde ein, die angeblich Linné und Jaume Salvador darstellten. Die Wände waren mit kleinen Schubladen und Regalen voller Wurzeln, Zweige und Blattzeug bedeckt, welche mit Schildern versehen waren, auf denen der volkstümliche und der wissenschaftliche Name der Pflanze standen, in Übereinstimmung mit den Kenntnissen von Mossèn Saperes, dem Ordner dieser Flora. Auf halber Höhe führte eine Art hölzerne Galerie rings um den Raum, von wo aus man mit Hilfe einer an die Mauer gelehnten Leiter die oberen Borde erreichen konnte. Wenn ich von der Schule kam, beobachtete ich von draußen heimlich, wie sich die beiden Gestalten, groß und undeutlich im Halbdunkel des Zimmers, über den Ladentisch beugten und sich zuweilen in einem verschwiegenen kleinen Hinterraum verloren. War er wieder draußen, kam der Pfarrer, um mir ein halbes Dutzend lateinischer Verse vorzutragen und mir die Heilkraft der scharfen Fetthenne zu entdecken, eines drastischen Abführmittels, das außerdem, in Form von Umschlägen, zur Heilung von lymphatischen Tumoren angewendet wird. Nachher betrachteten wir den in der Buchhandlung von Joseph Kösel in Kempten erstandenen Botanischen Atlas von Monsignore Sebastian Kneipp. Ach, der Luxus jener Jahre! Wir sahen uns alle an, leidenschaftlich, feindselig, und warteten auf die Befriedigung des unter Sonne und Regen vergossenen Blutes: das Blut, das so vieles zerstört hat, meine Welt zum Beispiel, die meiner Mutter und meines armen Freundes Salom, dem ich Frieden wünsche. Mossèn

Silví ließ sich dann die Worte der Klassiker genußvoll auf der Zunge zergehen, schob sie in seinem Mund hin und her, als ob es Mandeln aus Sinera wären, und wollte von mir die Bedeutung von *vomer* und *paludamentum* wissen. Mein Vater wohnte den Stunden bisweilen bei und belächelte meine Anstrengungen, die er für ziemlich überflüssig hielt, doch ließ er gewähren, denn er besaß den Optimismus dessen, der ein glänzendes Einkommen hat. Mein Vater begann an kongestiven Hustenanfällen und Verdauungsstörungen zu leiden. Der Pfarrer riet ihm, er solle gleich nach dem Mittag- und dem Abendessen einen Löffel Salbeiaufguß nehmen, den er mit einem Tröpfchen Branntwein und Zucker versüßen könne. Mein Vater trank den Anisschnaps, wobei er den Salbei heimlich wegließ, und beeilte sich, meiner Mutter zu versichern, daß er sich besser fühle. Als sie durch mich von der Behandlung erfuhr, erklärte sich Mariàngela eher für eine Anhängerin von Katzennept.

»*Nepeta cataria* nie!« sagte Mossèn Saperes. »Das ist gut für Hysteriker.« Und meine Mutter, die schwache Nerven hatte, verbrauchte, mit wenig Erfolg, beträchtliche Mengen Stengelspitzchen von Katzenminze. Dagegen muß ich auf den Erfolg hinweisen, den die gekochte Wurzel des Salomonsiegels, zerdrückt und mit Schweineschmalz vermischt, auf den chronischen Umlauf unserer Secundina hatte. Bei jener Gelegenheit freilich hatten der Pfarrer und Maringela einhelligen Rat erteilt.

Die Glühbirne im Geschäft der Kräuterhändlerin flackerte immer und gab ein Licht wie von einer Öllampe. Mariàngelas Gestalt wuchs darin in die Länge und harrte plötzlich, nachdem sie ihren heilkräftigen Schatz gesichtet und durchsucht hatte, in einer Ecke des Ladens, der fast keine Kunden zählte, reglos still. Hin und wieder kaufte eine traurige intellektuelle Italienierin bei ihr ein, die sich Letizia nennen ließ und mit einem Maler oben unter dem Dach wohnte. Die dicke Senyora de Framis gehörte auch zu den Kunden. Oflia trug bereits eine Perücke, besaß einen Pekinesen, der expektorieren sollte, und bedeckte ihr schwammiges Fleisch mit unendlich langen Kleidern, in denen sie immer aussah wie ein Jahrmarktsastrologe. Ich traf manchmal mit der Dame zusammen, wenn ich mich mit Lakritz, Aniszuckern oder, gegen Weihnachten, mit Moos und Mäusedorn für die Krippe eindeckte. Ich war mit der Kräuterhändlerin befreundet und versuchte sie zu verteidigen, wenn Secundina sie, wie es ihre Gewohnheit war, des Geizes beschuldigte und daß sie durch unredliche Mittel reich geworden sei. Secundina erwähnte Besuche zu unpassender Stunde, die Mariàngelas Erfahrung und die Arzneien gegen seltsame Krankheiten mit Gold aufwogen. Jemand habe sogar, fügte sie hinzu, im Hinterzimmer des Ladens abgeschnittene Fingernägel, Haarlocken und Wachsstücke mit menschlichen Formen gesehen.

»Wie abscheulich!« rief meine Mutter aus, als sie davon erfuhr. »Von nun an verkehrst du nicht mehr dort.«

»Mossèn Silví besucht sie doch auch«, wandte ich ein.

»Mossèn Silví hat für vieles Dispens vom Papst und ist zudem ein bißchen einfältig«, gab meine Mutter zur Antwort.

Aber ich kümmerte mich nicht um Verbote und bewahrte diese und andere Worte tief im Gedächtnis.

Die Kräuterhändlerin hatte eine Tochter, Schülerin in einem Kloster Mariä Darbringung, wo sie Haushaltung, Biblische Geschichte, Französisch, Stricken und Buchhaltung lernte. Das Mädchen verbrachte die Ferien bei seiner Mutter und half ihr bei der Arbeit hinter dem Ladentisch. Mariàngela war Witwe. Ihr Mann, der ein schönes mongoloides Gesicht hatte, befand sich, ich weiß nicht, weshalb, in Mexiko, als die Madero-Revolution ausbrach. Als es dann in Torreón zum Massaker der Chinesen kam, wurde der Mann unter zärtlichen Diminutiven niedergeknüppelt. Danach fuhren sie seinen nackten Leichnam und die von anderen Abgemurksten auf einem Kehrrichtwagen herum, vorneweg gellende Trompeten. Anscheinend wurde ein Militärmarsch gespielt.

Solid ausgebildet, verließ das Mädchen die Schule und heiratete einen Grundbesitzer reiferen Alters. Das Ehepaar wohnte auf dem Land. Die Tochter besuchte die Kräuterhändlerin mit dem eigenen, ziemlich klapperigen Auto. Secundina kam ihr mit Lobesworten entgegen und beneidete sie um ihre eleganten Hüte in Glocken- oder Deckelform. Meine Mutter wunderte sich über den derzeitigen Glanz Mariàngelas, an die sie sich von Sinera her erinnerte, in Begleitung eines schwachsinnigen Bruders, dessen riesiger Kopf immer eingebunden war, weil er ihn sich an jeder Straßenecke aufschlug.

»Sie sammelten Kräuter am Wegrand. Das reine Elend, weißt du noch?« fragte sie meinen Vater.

»Einmal hat sie mir erzählt«, unterbrach ich unschuldig, »daß sie mit uns verwandt ist.«

»Na hör mal«, protestierten sie, »um welche Ecke denn, wenn du uns das erklären willst?«

Das Gespräch hatte zur Folge, daß ich die Kräuterhändlerin eine Zeitlang nur noch flüchtig grüßte, denn ich mag keine Ungenauigkeit. Die Zeit verging, ich wurde größer und bemerkte nicht, wie die Jahre in diesem vertrauten Gesicht ihre Spuren hinterließen. Es traf mich sehr, als Mossèn Silví mir mitteilte, daß Mariàngela schwer krank sei.

»Wie ist das möglich!« rief ich, »bei all den Mitteln, die sie zur Verfügung hat?«

»Wenn der letzte Sturm anbricht«, erwiderte der Priester, »dann hilft kein Heiltrank mehr, und es nützt nichts, wenn man Safranwasser, Lärchenschwamm oder Sokotraaloe gleich schoppenweise einnimmt.«

Eines Nachmittags standen die beiden Totenpferde vor dem Laden und schlugen mit ihren langen Schwänzen, bald rechts, bald links, nach den Fliegen. Zu guter Letzt ein schwarzer Sarg, Grabessang, Schwiegersohn- und Vetterntrauer. An der Tür, im Kreis der Klatschweiber, wies Secundina, die Tochter tadelnd, auf die Bescheidenheit des Leichenbegängnisses hin.

»Vielleicht hat die Verstorbene es ausdrücklich so gewünscht ...«, beschwichtigte eine Stimme.

»Das wäre denkbar«, räumte Secundina, zurückhaltend und dialektisch, ein.

Und ich trat ein paar Schritte vor und folgte Mariàngela auf der Straße nach. Auf dem Weg erzählte mir Mossèn Silví, sie sei eine gute Frau gewesen und noch etwas mehr, was er mir aber nicht zu wiederholen erlaubte. Das Geschäft ging bald auf einen neuen Besitzer über und wurde mit einigem Anspruch modernisiert. So fand jedermann die Beleuchtung beispielsweise perfekt gelungen, doch uns, den Pfarrer und mich, lockte es nie mehr, den neuen Laden zu betreten.

Pere Calders

Der Lichtstreifen und der Wunsch

Kurz nachdem wir den Coll d'Area passiert hatten, bekam ich Lust, die Geschichte meines Hauses und meiner Frau zu erzählen und alles dessen, was ich durch die Fata Morgana verloren hatte. Neben mir saß ein alter Mann; Kilometer um Kilometer hatte er uns, seinen Mitreisenden, gegenüber ein beinahe feindseliges Stillschweigen bewahrt — und sein Blick war ruhig, als ob die wechselnde Landschaft sich nicht gegen die Erinnerungen an Licht, die er bewahrte, durchzusetzen vermöchte.

Ich legte die Hand auf sein Knie, und ein Schaudern überlief mich. Das Gerüttel des Omnibusses hatte sich mit seinen Knochen verbunden, und ich spürte, wie sie unter meiner Hand im gleichen Rhythmus tanzten.

»Hören Sie, ich würde Ihnen gerne eine Episode erzählen ... Ich wollte erst sagen: eine wahre Begebenheit, aber ich fürchte, sie wird Ihnen nicht als solche erscheinen, so wie den andern auch.«

Der Alte drehte den Kopf. Wer weiß, ob er mich überhaupt sah, denn seine Augen blieben abwesend, obgleich ich mich in ihnen spiegeln konnte.

»Warum?« fragte er mich. Und fügte hinzu: »Ich hätte schon vor mehr als fünf Jahren sterben sollen, ich kenne alle Geschichten. Was hätten wir davon?«

»Ich weiß nicht. Vielleicht einen Rat ...« sagte ich. (Das stimmte nicht, und die Heuchelei trieb mir, wie immer, wenn ich von ihr Gebrauch mache, die Schamröte ins Gesicht. In Wirklichkeit wollte ich einfach dieses merkwürdige Ereignis erzählen, so wie jetzt.)

Der Alte, der die Hände über dem Griff eines knotigen Stocks gekreuzt hatte, erhob eine Hand, um — dessen bin ich sicher — auszudrücken, daß es ihm einerlei war. Ein vor uns sitzender Handlungsreisender hatte einen kleinen nervösen Anfall. Zuerst machte er eine Bewegung, als wolle er sein Taschentuch hervorholen, besann sich dann auf halbem Weg, zündete eine Zigarette an und warf sie, nachdem er zweimal daran gezogen hatte, aus dem Fenster.

»Also gut, dann werde ich es erzählen« — ich wußte, daß man mich nun nicht mehr zurückhalten konnte. »Ich bin Landvermesser. Noch nie, so oft ich es schon erzählt habe, hat mich jemand gefragt, warum ich diesen Beruf habe, und wirklich, wenn sich einer dazu entschließen würde, wüßte ich nicht, was ich antworten sollte. Vielleicht kommen wir ja auf die Welt, um freie Stellen zu besetzen, und jeder muß sich mit der abfinden, die er bekommt. Natürlich gibt es da auch die Neigung, aber ich glaube nur beschränkt daran. Wenn im Alter, da man sich entscheidet, die Neigung ausschlaggebend wäre, dann gäbe es mehr Feuerwehrleute und Paradesoldaten als nötig.

Ich heiratete, sowie sich die Gelegenheit bot, und da ich zu jener Zeit keine Sorgen hatte, war es eine Liebesheirat. Es ist eine alte Geschichte, daß die Vorsehung über solche Fälle wacht, und ich hatte eben erst meinen Stand geändert, als ein Großgrundbesitzer mich einstellte. Eines seiner Grundstücke erstreckte sich über drei Berge von europäischer Geltung, und er hatte seit einiger Zeit einen Trupp Arbeiter angestellt, damit sie Vermessungen durchführten, über deren Beschaffenheit ich nichts Genaueres sagen werde, da ich feststellen konnte, daß Laien sich dadurch gelangweilt fühlen. Und es geschah, daß derjenige, welcher die Arbeiten leitete, wegen eines bestimmten Vorgehens mit dem Besitzer der Ländereien uneins wurde, so daß ihn dieser, ein leicht erregbarer Mensch, entließ. Und dann brachte mich eine glückliche Verkettung von Bekanntschaften mit dem Millionär in Verbindung. Wir kamen überein und trafen eine Abmachung, mittels deren ich mich verpflichtete, solange die Arbeit andauerte, in einem Haus zu wohnen, das sich auf seinem Besitz befand.

Das Haus war aus Holz und außerordentlich gut gebaut. Geschickter Geschmack hatte darauf geachtet, daß es hübsch wurde, und das war es wirklich; außen war es überall indischrot gestrichen, Tür- und Fensterrahmen weiß. Das Dach ... Doch ich will es nicht ganz beschreiben, denn jeder könnte aus meinen Worten einen anderen Eindruck gewinnen, und das Haus erweckte nur den einen: wer darin wohnte, an dem zogen die Tage wie eine Reihe von Freunden vorüber. Das Streben nach den Dingen dieser Welt ließ nach, und stattdessen nährte eine stille Flamme Chimären, die einem weder den Schlaf noch den Appetit raubten.

Das Haus lag in einem kleinen Tal, das einem Fluß als Bett diente, wie er all jenen in den Sinn kommt, die sich einen idealen Ort zum Leben vorstellen. Der Weg dorthin führte durch traumhaft schöne

Wiesen. Noch jetzt, wenn ich die Augen schließe, sehe ich alles, als ob es aufgestellt auf einem meiner Tische vor mir stünde, in all den Farben und Bewegungen, welche der sanfte Wind den Blättern an den Bäumen und den Stücken von Himmel im Fluß verlieh. Und noch jetzt, wenn ich daran denke, kann ich es nicht fassen, daß in einem solchen Rahmen ›das‹ passieren konnte.«

Der Handlungsreisende hob die Schultern und brachte eine banale Meinung vor:

»Ich sehe nicht, was daran merkwürdig sein soll«, sagte er. »Der gleiche Schauplatz dient dem Drama und der Komödie oder der Vergabe von Schülerpreisen.« Er wollte uns eben zur Veranschaulichung ein eigenes Erlebnis auseinandersetzen, doch unterbrach ich ihn, indem ich meine Erzählung wieder aufnahm:

»Es ist eigenartig, zu beobachten, wie häufig schlechten Zeiten das vollkommenste Glück vorausgeht. Meiner Frau waren der Ort und das Haus angenehm, und sie wußte eine Häuslichkeit einzurichten, die sämtlichen Wünschen Genüge tat; und so erwirkte sie, daß meine Liebe zu ihr immer größer wurde.

Einige Monate vergingen, von denen ich nie spreche, denn wenn man den Neid der andern erregt, begeht man eine zweifach schlechte Tat: eine tadelnswerte Empfindung hervorzurufen und gleichzeitig Gefallen daran zu finden.

Es kam eine Zeit, da meine Arbeit mich weit von zu Hause wegführte. Früh morgens brach ich auf, zu Pferd, und legte die fünfzehn Kilometer zurück, die mich vom Lager des Trupps trennten. Und obwohl ich erst am Abend zurückkehren konnte, begleitete mich der Vorrat an Wohlbefinden, den mir das Familienleben während jener Zeit verschafft hatte, fortwährend. Mehr noch (und das ist andererseits eine wohlbekannte Erscheinung): nach einem besonders langen Tag versetzte mich der Wunsch, den häuslichen Herd und alles, was sich damit verband, wiederzusehen, in eine vorher nie gekannte Erregung.

Wenn ich die Arbeit verließ, war es noch heller Tag, und das Pferd, von einem unerklärlichen Instinkt geleitet, mochte das Bedürfnis empfinden, meine Euphorie zu unterstreichen, und fiel in Trab, was mir wie ein bewußtes Teilnehmen an meiner Ungeduld vorkam.

Beim Anblick der Natur und besonders beim Anblick von Berglandschaften erfaßt mich eine Mischung von lyrischer Schwärmerei und agrarwirtschaftlichen Sorgen, und neben Bildern, die ich sehr schön finde, tauchen Ideen von großangelegten Landverteilungen in mir auf. So war ich unterwegs, indem ich mich abwechselnd diesen Gedanken hingab und meine Augen an den vielfältigen Grüntönen weidete, welche dem Blick des Kenners je nach Jahreszeit die zartesten Nuancen darboten. Jedesmal, bevor ich den halben Weg hinter mir hatte, machte ich halt, um den Sonnenuntergang zu betrachten, und gab dann dem Pferd die Sporen, um die Wegmarken meiner Route hinter mich zu bringen: die drei Pinien, das Wegkreuz, die Hütte der Straßenarbeiter, der Brunnen und all die stummen Herolde meiner Heimkünfte.

Von weitem sah ich die hell erleuchteten Fenster des Hauses und den rötlichen Schein, der aus dem Kamin aufstieg. Je näher ich herankam, desto deutlicher konnte ich die Silhouette meiner Frau im Türrahmen erkennen; ich winkte ihr mit der Handlampe zu, und sie hob den Arm, um mich willkommen zu heißen.

Und so ging es jeden Tag. Verstehen Sie? Man muß sich der Gewöhnlichkeit dieser Strecke bewußt sein, um die Berechtigung meiner Klage und die Strenge zu begreifen, mit der mich wer weiß was für höhere Mächte behandelten. Eine Sinnestäuschung war ausgeschlossen, denn von Berufs wegen sind Leute unseres Gewerbes gewohnt, die Erde zu vermessen, und ich kannte die Länge des Weges, las seine Kurven und die Gefälle und könnte ihn auswendig zeichnen. Und wie wäre dann die Erklärung für dieses durch und durch ungewöhnliche Ereignis, das mir dort zustieß? Aber Sie werden schon selbst urteilen ...

Es geschah nach einem besonders unruhigen Tag. Wir hatten einige Geländemessungen durchgeführt, die weiträumige Verschiebungen erforderlich gemacht hatten; der folgende Tag fiel auf den Namenstag eines Heiligen, welchen die Dörfer der Talschaft als ihren größten Festtag feierten. Die Männer des Trupps hatten mich um die Erlaubnis gebeten, daran teilzunehmen, und ich gab ihnen zur Antwort, daß sie das Lager nicht verlassen noch die Bewachung der Werkzeuge und Instrumente, die wir benutzten, vernachlässigen durften. Sie hatten jedoch für alles vorgesorgt: zwei Handlanger hatten sich bereit erklärt, dazubleiben und eine Wache aufzustellen, und da sich das Fest tatsächlich auf ein sehr ausgedehntes Gebiet erstreckte, konnte ich mich dem nicht widersetzen.

Mich selbst verlockte der Gedanke zusätzlicher Freizeit, und so, um die Auffassung von meiner Direktorengewalt mit dem, was ich wirklich wünschte, in Einklang zu bringen, sagte ich dann zu ihnen, daß ich, wenn wir im Verlauf des Tages eine bestimmte Aufgabe erledigten, ihrer Bitte entsprechen würde.

Die Belohnung vor Augen, arbeiteten wir mit Schwung und erreichten, was wir uns vorgenommen hatten. Ich sah auf die Zelte, während die Handlanger und die Vorarbeiter davonritten, und nachdem ich den Wächtern einige letzte Anweisungen gegeben hatte, machte ich mich auf einen Heimweg, an den ich mich ewig erinnern werde.

Noch nie hatte ich derart heftig die Freude empfunden, welche ich oben zu beschreiben versuchte, wie damals. Es war später als sonst, und eine Reihe von Umständen trug dazu bei, daß mein Verlangen nach Heimkunft besonders stark war. Tags zuvor hatte meine Frau zum ersten Mal über die Zeit geklagt, da sie allein war; ich dachte sie mir unruhig und wie sie im Türrahmen steht und angestrengt nach mir Ausschau hält. Es machte mir Spaß, mir vorzustellen, was wir uns sagen würden, wie sie mich für meine Verspätung tadeln und ich ihren Unmut mit der Nachricht des Fests beschwichtigen würde.

Ich weiß nicht, war es wegen der Eile, mit der ich es, ohne mir dessen völlig bewußt zu sein, ansteckte, oder dank seiner Fähigkeit, mich zu verstehen — Tatsache ist, daß das Pferd, ganz ungewohnt, zu galoppieren anfing. Das war die einzige logische Ursache, mit einer leicht nachvollziehbaren Erklärung, für eines der Dinge, die geschahen: nach einer kurzen Strecke Weges, beim Passieren einer Biegung, die am Rand einer sehr tiefen Schlucht entlang führte, rutschte ein Stück von der Böschung ab, und das Pferd verlor das Gleichgewicht. Ich konnte mich gerade noch festhalten — ob am Gras oder einem Ast wüßte ich nicht zu sagen — und mich wieder auf den Weg hochziehen. Das Tier stürzte hinunter, und ich war mir unzweifelhaft klar darüber, was aus ihm geworden war; ich kannte die Stelle zur Genüge, ich wußte, daß es bei diesem Sturz nicht mit dem Leben davonkommen konnte, und trotz alledem mache ich mir oft Vorwürfe, daß ich nicht bis zum Wildbach hinabgestiegen bin, um das Pferd zu suchen und, wo nötig, seinen Leiden ein Ende zu machen.

Doch in jenen Momenten versetzte mich der widrige Vorfall in unbezwingbare Wut, und meine Sorgen waren anderer Art. An einem gewöhnlichen Tag wäre ich ins Lager zurückgekehrt, um mir ein neues Reittier zu beschaffen, doch damals wußte ich ja, daß keines dort war und daß es mindestens ebenso anstrengend sein würde, die Männer, die sie mit sich führten, einzuholen, als zu Fuß nach Hause zu gehen.

Ganz außer mir und voller Zorn, von dem ich nicht wußte, gegen wen ich ihn richten sollte, machte ich mich auf den Weg.

Es ist seltsam, wie eine Änderung, mag sie auch noch so klein sein, uns zuweilen die andere Seite der uns vertrauten Dinge vor Augen führt. Der Boden unter meinen Füßen, die Wegränder und die Bäume kamen mir im Zwielicht der Dämmerung, in dem sie mir schon so oft erschienen waren, anders vor. Und ich möchte nicht, daß meine Worte in Ihnen den Eindruck erwecken, daß sich auf Grund eines besonderen Geisteszustandes erklären ließe, was dann geschah; ich hatte eine sehr klare Vorstellung vom Ort, wo ich war, von der Entfernung, die ich zurückgelegt hatte, und von der, die noch blieb, und vor allem, mit einer Genauigkeit, die ich mir durch meine Arbeit erworben hatte, von dem Verhältnis zwischen dem Rhythmus meiner Schritte, den Minuten, die vergingen, und jedem Meter, der zurückzulegen war.

Plötzlich wurde ich gewahr, daß mein rechter Knöchel schmerzte und mich am Fortkommen hinderte. Ich sah, daß ich den Unfall nicht unverletzt überstanden hatte, und konnte es nur der Aufregung zuschreiben, daß ich es erst jetzt bemerkte.

Meine Unruhe war unbeschreiblich. Man mag das jetzt, wo wir so bequem und gemütlich beieinander sitzen und die helle Sonne über uns scheint, nur schwer begreifen. Zuweilen hat ein Gesprächspartner mir gegenüber bemerkt, da sei doch kein Grund zur Sorge und es sei letzten Endes nur angebracht gewesen, vorwiegend Befriedigung darüber zu empfinden, glücklich einer Gefahr entronnen zu sein, die mir ein gleiches Los wie meinem Pferd bereitet haben könnte. Doch ich habe ihn gefragt – und ich frage es jetzt – : Haben Sie sich je mitten unterwegs befunden, kurz vor Einbruch der Nacht, wo große Wälder einen mit ihrem Schweigen erwarten, in der quälenden Vorstellung, daß ein geliebter Mensch eine Angst aussteht, der man durch keine Nachricht ein Ende machen kann? Und bei alledem ein physischer Schmerz, der es mir nicht erlaubte, mit meiner drängenden Sehnsucht Schritt zu halten, und ein unerklärliches Vorgefühl, das meinen Verstand zu alarmieren suchte.

Es wurde dunkel, und ich war immer mehr vom Wunsch beseelt, meine Schritte zu beschleunigen, und zählte die Stunden, die ich brauchen würde, um die bekannten Abschnitte zurückzulegen: die drei Pinien, das Wegkreuz, die Hütte der Arbeiter ... Es kam ein Moment, da ich den Blick hartnäckig auf den finsteren Himmel richtete, denn wenn ich die Schatten beidseits des Weges wiedererkannte, wurde ich um so beständiger an die Entfernung und die Zeit erinnert.

Und als ich so den Blick ungewiß in die Höhe schweifen ließ, da sah ich auf einmal den Lichtstreifen. Es ging sekundenschnell: die Überraschung durch den Streifen, die unmittelbare Erkenntnis, daß es sich um einen fallenden Stern handelte, und die abergläubische Erinnerung, die mich den Wunsch aussprechen ließ, ich möchte hinter der nächsten Wegbiegung das Haus und meine auf mich wartende Frau finden.

Zum Spaß hat wohl fast jeder beim Anblick dieser Erscheinung schon so gehandelt. Zum Spaß, nachdem ich in einer vagen Regung von Ehrfurcht die Augen zugemacht hatte, um meiner Bitte mehr Nachdruck zu verleihen, beschloß ich, so zu tun, als glaubte ich am Ende jener Kurve wirklich das zu finden, was ich mir gewünscht hatte, und danach einer andern Kurve ein ähnliches Vermögen zuzuschreiben; und so, indem ich die Abschnitte, obschon ich sie vervielfachte, verkürzte, würde ich meine Unruhe vielleicht zerstreuen.

So dachte ich also. Doch an der vorgemerkten Stelle sah ich die erleuchteten Vierecke der Fenster, den roten Schein aus dem Kamin und in der Tür die Silhouette der vielgeliebten Gestalt.

Eine Art Benommenheit verhinderte, daß ich mich allzu sehr wunderte. Mit der Lampe gab ich das übliche Zeichen, und sie hob den Arm mit der gewohnten Bewegung. Ich erinnere mich, daß ich beim Näherkommen fragte: ›Was macht ihr denn hier, du und das Haus?‹

Ich traute mich nicht über die Schwelle; meine Frau verlieh ihrer Umarmung einen schützenderen Ausdruck denn je und tat, als verstünde sie alles, was ich etwa haben könnte. Sie fragte, ob ich an diesem Tag viel Arbeit gehabt hätte, und als ich dies bejahte, sagte sie, ich solle mich nur beruhigen, dann brauchte ich mich jetzt doch nur noch um meine Erholung zu kümmern.

Um diese merkwürdige Situation rasch zu klären, sagte ich ihr die Wahrheit: daß der Ort, wo wir uns befanden, mindestens acht Kilometer von zu Hause entfernt sei und ich mir beim Anblick eines fallenden Sterns gewünscht hätte, schneller dort zu sein.

›Zu Hause ist hier‹, erwiderte sie gelassen, ›wo wir beide sind und unser Herd.‹ Um sie von ihrem Irrtum zu befreien, wies ich nach Westen, wo sich in einer schwachen Spur von Licht die Silhouette eines Berges abzeichnete.

Hast du den Coll d'Area je von der Haustür aus gesehen?‹

Sie schaute hin, ohne sich sonderlich zu bemühen, und sagte, morgen, bei Tageslicht, hätten wir bessere Grundlagen, um das zu besprechen.

Anschließend interessierte sie sich für das Pferd, und als ich ihr das Unglück erzählt hatte, strich sie mit der Hand über meinen Kopf. ›Hast du dir weh getan?‹ — ›Es ist nicht das, was du denkst.‹ Daß irgend ein Schlag meinen Verstand beeinträchtigt hätte, wäre eine allzu einfache Erklärung gewesen.

Ich sträubte mich noch immer einzutreten, da ich von einer ganz natürlichen Sorge ergriffen wurde. ›Sieh den gedeckten Tisch‹, sagte sie. ›Es gibt ein Abendessen, das du gern hast. Riechst du?‹

Freilich sah und roch ich! Aber ich konnte mich unmöglich ablenken, indem ich genüßlich aß und dann schlafen ging und am nächsten Tag weitergrübelte. Denn wenn die Wirklichkeit meines Lebens hier war, was war das dann für eine mächtige Fiktion am Ende der acht Kilometer? Und umgekehrt: wenn dort unten die Wahrheit und der normale Lauf der Welt war, was bedeutete dann diese Fata Morgana?

Ich sagte, ich würde keine Ruhe finden, bis ich nicht — Wunder außer acht lassend — den ganzen Weg gegangen wäre, und ich müsse unverzüglich weiter. Sie wollte mich begleiten, doch ich weigerte mich: ›Bleib du hier, paß auf *das* auf, und warte auf mich. Mag sein, was will, ich werd' schon kommen und dir was sagen.‹ Sie fing an zu weinen und reichte mir eine Brosche mit einer Kamee, die ich ihr geschenkt hatte. ›Da‹, sagte sie, ›nimm dieses Pfand meiner Liebe; trenne dich nicht von ihm, und möge sein Anblick dich an mein Warten erinnern.‹«

(Der Handlungsreisende wollte, wer weiß warum, Einzelheiten über die Brosche wissen. Ich zeigte sie ihm, und er besah sie sich kurz. »Eins verstehe ich nicht«, sagte er, »wenn Sie doch den Wunsch hatten, das Haus dort zu finden — wieso fanden Sie sich nicht mit seiner Erfüllung ab und freuten sich einfach?«

Ich erwiderte, daß jeder schon einmal gewünscht habe, aus eigener Kraft zu fliegen, doch wenn es einem gelänge, sich armeschlagend ein paar Meter zu erheben, würde er gleich wieder auf die Erde zurückwollen.)

»Unerklärliches Ungestüm lenkte meine Schritte. Dann und wann wandte ich den Kopf und sah die Lichter des Hauses, die mit wachsender Entfernung kleiner wurden, bis sie hinter einem kleinen Hügel verschwanden. Von diesem Moment an ging ich langsamer; die Rückkehr der wachen Vernunft belebte die Gedanken, und ich fing an zu glauben, es sei letzten Endes doch möglich, daß eine besondere physische Verfassung meinen Geist derart verwirrt habe. Ohne im Lauf innezuhalten, fuhr ich mir mit der Hand über die Haare, die Stirn, überall dort, wo eine unbemerkte Verletzung meinen Verstand gelähmt haben konnte, in der sehr geringen Hoffnung, daß es mir, sähe ich erst klar, gleich ergehen würde wie mit dem Fußknöchel: auf einmal würde ich einen schmerzhaften Punkt ausmachen und den Schleier loswerden können.

Doch niemand kann mit einem bloßen Gedankenspiel sein Schicksal ändern, und das meine hatte eine unerbittliche Wende genommen. Als mich die Vorstellung von einer durch den Sturz bewirkten vorübergehenden Verwirrung schon sehr erleichterte, zeichnete sich im Lichtstrahl, der mir vorausging, der Sockel des Wegkreuzes ab. Ich hob die Lampe hoch, leuchtete den Umriß des Steins ab, und damit jeder Betrug der Augen ausgeschlossen war, strich ich so heftig über die Erhebungen der Bildtafel, daß mir die Handflächen noch lange wehtaten.

Es war wichtig, sich von der Wirklichkeit seiner Gegenwart zu überzeugen, denn das Kreuz befand sich auf dem höchsten Punkt und fast in der Mitte meines gewöhnlichen Weges. Wenn ich mich umdrehte, mußte es möglich sein, die Fenster des Hauses zu sehen, das ich vorhin verlassen hatte. Doch eine solche Überprüfung, deren Gewicht ich nur zu gut kannte, verlangte Mut, und es verstrichen einige Minuten, bis ich mich dazu entschließen konnte. Und sehen Sie nur, wie recht ich hatte und inwiefern ich nicht Opfer einer Sinnestäuschung geworden war: denn dort waren die Lichtpunkte und zeigten an, daß das Haus, unterhalb meines Standortes, in einer Ebene lag, auf welcher es weder an jenem Morgen noch je zuvor etwas anderes als Gras und Erde gegeben hatte.

Bleierne Müdigkeit überfiel mich. Ich setzte mich unter das Kreuz, um zu sehen, ob ich Ordnung in meine Unruhe bringen könnte; ich wollte zurück nach Hause, wo aber war mein Zuhause: im Osten oder im Westen des Weges? Ich wollte weitergehen, doch den Seelenfrieden würde mir das nicht bringen, was auch immer ich am Ende der gewöhnlichen Route finden würde. Wenn dort das Haus war, wollte ich an den Ort zurück, den ich vorhin verlassen hatte, und wenn es nicht dort war, dann wäre für ewig etwas zerbrochen, denn für mich setzte sich das Familienleben aus Ehefrau, Haus und Landschaft zusammen, und die Änderung eines einzigen dieser Elemente würde das Gleichgewicht zerstört haben, das ich so liebte. Ich sah mich diesen Weg ewig hin und zurückgehen und wer weiß was an beiden Enden finden, ohne den Sinn des Gefundenen bestimmen zu können. Unfähig, einen solchen Kampf zu beginnen, ging ich fort in die Stadt, in der Hoffnung, ein Freund oder Bekannter würde mir einen Rat geben. Doch bis heute ist niemand dazu imstande gewesen, und so komme ich von Zeit zu Zeit mit neuem Mut hierher, im Glauben, ich würde alles klären können, doch dann tauchen erneut die Zweifel auf, und schließlich greife ich wieder einmal, wie als Ausflucht, auf die Meinung anderer Leute zurück. Was meinen Sie, was ich tun könnte?«

Der Handlungsreisende sagte, es sei schwierig: einen seiner Vettern, dem etwas begegnet sei, was zwar nicht gleich gewesen, aber auch Probleme geschaffen habe, hätte die Familie nach gemeinsamer Beratung nach Amerika geschickt.

Und der Alte, der während des ganzen Berichts sein Stillschweigen bewahrt hatte, sah mich an und sagte:

»Ihr jungen Leute lebt wie auf einem ziemlich flachen Teller, und das kleinste Bißchen reicht, damit ihr dort ertrinkt. Was euch so außerordentlich vorkommt, ist schon tausend und abertausendmal passiert, und jeder entscheidet sich für die Lösung, welche am besten zu seiner Wesensart paßt, wie bei allem andern auch. Ein Dichter würde das vom Stern Gewünschte und Erlangte annehmen, und das Haus auf halbem Weg wäre sein Haus gewesen, unter Ausschluß jedes anderen. Ein Mann mit wissenschaftlicher Ausbildung zum Beispiel findet, was immer ihm auf seinem Weg begegnet, sein Haus dort, wo er weiß, daß es sein muß, nach der nötigen Anzahl Kilometer. Gemäß diesen Überlegungen können Sie die Beispiele vervielfachen und selbst wählen ...«

Der Omnibus kam bei der Endstation an. Beim Abschied konnte ich eine herzliche Regung nicht unterdrücken: ich umarmte den Alten und dankte ihm für seine Worte.

Ich mietete ein Pferd, und außerhalb des Dorfes, an der Wegkreuzung, blieb ich einen Augenblick vor dem Wegweiser stehen, um die Aufschrift zu lesen: »Vall d'Area«, während ich die Kamee streichelte.

Schon wollte ich dem Pferd die Peitsche geben, als mich von neuem lauter Fragen bedrängten. Denn inwiefern fühlte ich mich als Dichter oder als Landvermesser? Oder was sonst konnte es im Grunde denn sein, was mich einer glücklichen Wahl versichern könnte?

Pere Calders

Seltsame Vorsehung

I

Ich erinnere mich sehr genau: vor zwei Jahren hatte man mir eine Gehaltserhöhung mitgeteilt, und ich war sehr glücklich, so glücklich, daß es in einer Zeit wie damals schier unglaublich schien.

Ich stand spät auf, und meine erste Tat des Tages bestand darin, die Fenster aufzureißen und einen Blick auf die Welt zu werfen, in der tiefen Überzeugung, daß ich sie ein wenig beherrschte, und im klaren Urteil darüber, daß sie so, wie sie war, gut war.

Ich zog meine besten Kleider an und gestehe gern, daß ich blendend aussah, wobei ich mich an die Tatsache halte, daß die Leute heutzutage falsche Bescheidenheit nicht schätzen. Man darf behaupten, daß ich an jenem Tag zum ersten Mal einen Schnurrbart trug, denn nach der letzten Rasur hatte er Form angenommen und prangte mit eigenem Charakter.

Es brauchte nicht gesagt zu werden, doch ist es besser, wenn man die Dinge von Anfang an klarstellt: es war ein sonniger Morgen, und wir befanden uns mehr oder weniger mitten im Frühling. Durch meine Gegenwart gewann die Straße an Wirkung, und mehr als ein Mädchen, das an mir vorüberging, drehte sich um, um heimlich meinen Schnurrbart zu betrachten.

Ich fühlte mich mächtig und klarblickend, verstand eine Menge Dinge, die mir immer undurchsichtig vorgekommen waren, und mir scheint, daß, falls denn Könige und Kaiser bei der Ausübung ihres Amtes von einem besonderen Gnadenzustand unterstützt werden, es ein solcher Zustand sein muß, wie er mir an jenem Sonntag das Leben verschönte.

Ich bin peinlich genau bei der Beschreibung eines derart bedeutsamen geistigen Augenblicks, damit die Leute richtig begreifen, daß ich keine Sorge hatte, daß ich mich auf meine Art ganz normal fühlte und nichts darauf hindeutete, daß mir das wahrhaft Außerordentliche zustoßen sollte, wie es dann geschah. Wenn man es am wenigsten erwartet, macht das Leben plötzlich eine Wendung, und das — sucht die Philosophie es uns auch noch so sehr begreiflich machen — überrascht uns immer.

Ich hatte keine Lust, mir den Tag an der frischen Luft entgehen zu lassen. Ich brauchte warme Sonne und wollte meinen Blick in weite Fernen richten, um recht viele Menschen und muntere Dinge sehen zu können. Ich ging in den Park, um meine Wonne spazieren zu führen; es ist fast sicher, daß ich die andern mit meiner Begeisterung ansteckte, denn die Menschen um mich her lächelten, ohne recht zu wissen, wie ihnen geschah.

Es war ein schöner Morgen, in jeder Hinsicht, der wie viele schöne Dinge rasch vorüber ging. Ich war müde vom Anblick der Blumen und des hellen Tags, zufrieden, einem wilden Tier mit Leckereien, wonach sein Körper verlangte, die Gefangenschaft erträglich gemacht zu haben, als es Zeit für das Mittagessen wurde, und nicht zu langsam, nicht zu eilig ging ich nach Hause.

Im Treppenhaus befühlte ich mit der gewohnten instinktiven Bewegung die Tasche mit den Schlüsseln. Und ich stellte fest, daß ich sie nicht dabeihatte. ›Du hast sie in den Alltagskleidern vergessen‹, sagte ich mir, ohne mich irgendwie zu beunruhigen, denn ich verließ mich darauf, daß mir Irene, das alte Dienstmädchen, das für mich sorgte, aufmachen würde.

Ich klingelte und wißt ihr, wer mir aufmachte? Ein Herr mittleren Alters, mit Koteletten, eingehüllt in einen blau-weiß gestreiften Morgenrock, wie auch ich einen hatte.

»Entschuldigen Sie«, sagte ich, »ich habe mich wohl im Stock geirrt.«

»Hier ist der dritte Stock, erste Türe«, gab er zur Antwort. »Sie wünschen bitte?«

Dritter Stock, erste Tür in diesem Treppenhaus war meine Wohnung. Wenn der Irrtum also nicht bei mir lag, war es der Herr mittleren Alters, der sich irrte. Außerdem konnte ich aus den Augenwinkeln heraus erkennen, daß die Möbel in der Diele meine Möbel waren und die Tapete eben jene, die ich selbst vor nicht allzu langer Zeit ausgesucht hatte.

Ich nahm eine strenge Haltung an:

»Was machen Sie hier ›bei mir zu Hause‹? Sind Sie vielleicht ein Verwandter von Irene?«

Der Mann war überrascht und antwortete mir gutmütig:

»Ich verstehe Sie nicht. Ich kenne keine Irene, und, was diese Wohnung anbelangt, so sind es übermorgen sechs Jahre, daß ich hier wohne. Ich bitte Sie, machen Sie keine Scherze, manchmal habe ich nämlich keinen Sinn dafür. Womit kann ich Ihnen dienen?«

»Ach, sehn Sie, ich kam zum Essen«, sagte ich, von seiner ehrlichen Art regelrecht entwaffnet. »Wenn ich nicht hierbleiben kann, weiß ich wirklich nicht, wo ich hin soll.«

»Noch nie habe ich einen Fremden abgewiesen, der in friedlicher Absicht bei mir anklopft. Teilen Sie unser kärgliches Mahl. Treten Sie ein.«

Ich trat ein, und da schwanden mir die letzten Zweifel:

»Also gut, es reicht, ja? Das hier ist meine Wohnung, und ich mache Ihre Komödie keinen Augenblick länger mit.«

Der Herr lächelte schelmisch, klopfte mir auf die Schulter und sagte:

»Allmählich fange ich an zu begreifen. Sie sind einer von den Spaßvögeln, die der Clara nachlaufen, und haben sich diesen Trick ausgedacht, um hier hereinzukommen. Sie Schlingel!«

»Wer ist Clara?«

»Na, na, nun brauchen Sie sich doch nicht mehr zu verstellen. Jetzt sind Sie hier und ich heiße Sie willkommen.« Und mit erhobener Stimme fügte er hinzu:

»Clara, mein Kind, guck mal, wer gekommen ist.«

II

Aus der Tür des Eßzimmers, meines Eßzimmers, trat ein Mädchen, das hübsch anzusehen war. Der Mann im gestreiften Morgenrock spielte seine Rolle, wobei er durchblicken ließ, daß er diese Dinge sehr gut begreifen und, wenn es darauf ankam, ohne weiteres auf einen Scherz der Jugend eingehen konnte. Er streckte dem Mädchen die Hände entgegen und fragte:

»Kennst du diesen Burschen?«

Ich sah, daß das Fräulein gleich auf meinen Schnurrbart aufmerksam wurde, und — ob viel oder wenig — er gefiel ihr.

»Nein, Papa, ich hab' ihn noch nie gesehen.«

Während sie das sagte, lächelte sie mich in der Absicht, mich zu bezirzen, an, und mir fiel im Augenblick nichts anderes ein, als meinen

Schnurrbart mit der Hand zu bedecken.

Der Mann amüsierte sich immer mehr.

»Aber, aber. Ihr könnt euer Spielchen doch beenden. Es ist ja kein Verbrechen, wenn junge Leute sich sehen wollen. Was mich betrifft, mir ist das schon recht.«

In diesem Moment erschien, aus der Küche kommend, eine dicke Dame, dicht gefolgt von zwei Kindern unbestimmten Alters und Geschlechts. Die Dame näherte sich mit heiterer Miene, wobei sie sich die Hände an der Arbeitsschürze abtrocknete.

»Meine Frau«, sagte der Mann, »und meine beiden andern Kinder. Zwei richtige Lausebengel.«

Und speziell an seine Frau gerichtet, fügte er hinzu:

»Der junge Mann hier ist ein Verehrer Claras.«

Ich hatte den Eindruck, daß dies alles höchst verwirrend sei und daß es, wenn ich nicht unverzüglich meine Besitzerrechte geltend machte, vielleicht zu spät sein könnte.

»Schluß jetzt mit der Komödie!« schrie ich. »Wenn ihr mir nicht sagt, wo Irene ist und warum ihr euch bei mir eingenistet habt, rufe ich die Polizei!«

Diese Worte versetzten die Familie in tiefe Betrübnis. Der das Familienoberhaupt spielte, sagte:

»Was ist das nur für ein merkwürdiger Eigensinn!«

Und die Frau sagte, laut genug, damit es alle hören konnten, zu ihrem Mann:

»Ernest, dieser Jüngling ist verrückt.«

Das Mädchen wollte auch seinen Senf dazu geben:

»Mama, vielleicht handelt es sich um eine Reklame.«

Eins der beiden kleinen Kinder setzte in einem Ton, der den Überdruß am modernen Leben verriet, hinzu:

»Das ist sicher irgend so ein amerikanisches Ratespiel, wie sie eine gewisse Sorte Leute so gern haben ...«

Die Art, wie er »eine gewisse Sorte Leute« sagte, gab zu verstehen, daß der Zeitvertreib, was ihn betraf, nicht nach seinem Geschmack war.

Ganz entschieden: wenn man die Angelegenheit auf den Boden der Gewalt kommen ließe, würde ich den kürzeren ziehen. Ich erkannte das gleich und schickte mich an, es mit Überredungskunst zu versuchen, um sie im guten zu gewinnen.

»Nun seht mal: ich bin euch unbekannt; eurer Meinung nach ist es das erste Mal, daß ich meinen Fuß in dieses Haus setze. Wie erklärt ihr euch dann aber, daß ich die Anordnung jedes Zimmers und der Möbel darin weiß und was in den Möbeln drin ist? Das könntet ihr euch nicht erklären, was?«

»Neiiin!« sagten alle fünf gleichzeitig.

»Also dann paßt auf. Die geschlossene Tür hier führt ins Besuchszimmer. Die daneben ist die zum Eßzimmer. Jene dort gehört zu einem Schlafzimmer, und die links ist die zum Büro. Im Schreibtisch im Büro, in der zweiten Schublade von oben, befinden sich die Quittungen für die Miete, auf meinen Namen ...«

»Nein«, unterbrach der Mann, »nicht auf Ihren Namen. Auf meinen sind sie ausgestellt.«

»Sehen wir nach!« sagte ich triumphierend.

Wir liefen alle zum Büro, ich an der Spitze, und ich machte ruhigen Muts die Schublade auf, in der Gewißheit, bei dieser Gelegenheit doch zu meinem Recht zu kommen.

Ich nahm das Bündel mit den Quittungen, schaute sie an — doch da schien die Welt unter meinen Füßen zusammenzuschrumpfen. Denn ihr müßt wissen, daß sie auf den Namen eines gewissen Ernest de la Ferreria lauteten, und das war, wie ihr euch schon denken könnt, jener Herr mittleren Alters.

III

Eine seltsame Schwäche überkam mich, so daß ich mich auf den Tisch stützen mußte, und als ich meinen Blick über die Wände dieses Zimmers schweifen ließ, stellte ich halb unwillkürlich fest, daß die Bilderrahmen die gleichen waren, die auch ich kannte, nur daß sie anstelle meiner Familienporträts Fotografien von Menschen enthielten, die bald der dicken Dame, bald Herrn Ernest ähnlich sahen. Es bestand kein Zweifel, daß ein Hauch von Seltsamkeit über all meinen Sachen lag und sie mir fremd machte.

Der Wille verließ mich, und tiefe Niedergeschlagenheit bemächtigte sich meiner. Herr Ernest, ein braver Mann vom Scheitel bis zur Sohle, wie ich später Gelegenheit hatte festzustellen, erbarmte sich meiner und sagte mit freundlicher Miene:

»Schon gut, wir brauchen › das ‹ ja nicht in die Länge zu ziehen. Laßt uns zum Essen gehn, es ist Zeit. Clara, wenn der junge Mann sich die Hände waschen will oder so, zeig ihm den Weg.«

Ich erinnere mich, daß eine geraume Weile verstrich, ohne daß ich es wagte, den Mund aufzutun. Am Tisch, wohin hilfreiche Hände mich geleiteten, weckte mich der Dampf des ersten Gangs aus meiner Betäubung:

»Wo ist Irene?« fragte ich mit dünner Stimme.

»So ein Quatsch!« rief eins der Kleinen.

Und auf jedem Gesicht laß ich einen so deutlichen Ausdruck des Vorwurfs, daß ich es gut sein ließ und lustlos, mit gesenktem Blick, Suppe zu löffeln anfing.

Beim zweiten Gang ungefähr raffte sich Clara auf, ersuchte die Anwesenden um Aufmerksamkeit und sagte:

»Ich schämte mich ja, es zu erzählen, aber jetzt merke ich, daß ich es nicht lassen kann. Heute morgen, als ich aus der Messe kam, fiel mir eine große Schar von Leuten auf, die einen Mann umringten, der einen Käfig mit einem Vogel drin bei sich hatte. Für zehn Cèntims kam der Vogel heraus und reichte dir mit dem Schnabel einen Zettel. Auf dem Zettel stand, was einem die Zukunft bringt.«

»Du warst sicher so dumm und hast einen gezogen!« unterbrach die Mutter.

»Ja, hab' ich, und wißt ihr, was mir mein Stern verhieß?«

Niemand schien ein besonderes Interesse dafür zu hegen, doch sie kümmerte das nicht. Sie zog einen kleinen, gelben Zettel aus der Tasche und las:

»Liebe umkreist dich. Der Prinz deiner Träume wird dir auf unverhoffte Weise erscheinen. Sei bereit, um zu öffnen, wenn das Glück bei dir anklopft.«

Die Frau schaute Clara streng an und fragte mit tadelnder Stimme:

»Liebes Kind, hast du denn Verstand verloren? Was willst du damit andeuten? Was soll der junge Mann hier denken?«

»Ach geh«, antwortete Clara. »Der ist sicher nicht einfach so gekommen. Irgend eine Kraft muß seine Schritte hierher gelenkt haben ... Also ich habe von diesen Wahrsagevögeln schon ganz Merkwürdiges gehört.«

Der Vater sagte, mit einem Ausdruck schlechter Laune und an mich gewendet:

»Dieses Mädchen wird auch jeden Tag dümmer ...«

IV

Ich erhob mich.

»Meine Damen und Herren: ich bin das Opfer einer ungeheuren Machenschaft. Falls es ein Scherz ist, muß ich gestehen, daß ich nicht folgen kann. Falls es keiner ist, auch nicht. Ich verstehe nichts von alledem; wenn ihr es versteht und es mir erklären wollt, werd' ich es mein Leben lang nicht vergessen. Wenn nicht, werde ich verrückt und die Sache hat sich.«

»Fängt der schon wieder an«, murmelten drei oder vier Stimmen zugleich. Und lauter Augen starrten mir ins Gesicht, damit ich einsah, daß ich verkehrt handelte.

Herr Ernest jedoch schien die Angelegenheit allmählich von einem andern Standpunkt aus zu betrachten:

»Hören Sie, ist es wirklich wahr, daß Sie und Clara sich noch nie begegnet sind?«

Wir versicherten ihm beide, daß wir uns überhaupt nicht kannten. Und da griff sich der Mann mit nachdenklicher Gebärde ans Kinn.

»Ob da nicht am Ende die Vorsehung ihre Hand im Spiel hat? ...«

»Was meinen Sie damit?« fragte ich in einiger Aufregung.

Die Frau antwortete für ihn:

»Ach wissen Sie, in unserer Familie gibt es nämlich Präzedenzfälle. Ernest und ich haben uns auf ähnliche Weise kennengelernt. Sie müssen sich vorstellen und begreifen, daß derjenige, welcher mein Mann werden sollte, eines Morgens ...«

»Pschsch! Laß mich das mal erzählen, ich kann es besser. Eines schönen Feiertages also — ich war erst kurz zuvor dreißig Jahre alt geworden — verließ ich das Haus, in der Absicht, das Aquarium zu besuchen. Ich war damals frei von Sorgen und fühlte mich so glücklich wie der glücklichste meiner Zeitgenossen. Ich besaß ein wenig Geld, tat, was mir gefiel, und, wie der Vulgus sagt: da war niemand, der mir die Trümpfe ausgestochen hätte.

Im Sonntagsstaat verließ ich das Haus, und mir war so warm ums Herz, daß ich alles von seiner liebenswürdigen Seite her betrachtete und es mir so geschah, daß ich, ohne daß mir irgend eine Gefahr gedroht hätte, mir dauernd sagte, daß ich vor nichts und niemandem Angst hatte.

Immer wenn ich daran denke, wird mir bewußt, daß nichts darauf hindeutete, daß mir das zustoßen sollte, was dann geschah. Denn urplötzlich, als ich vom Besuch bei den Fischen herauskam, fühlte ich, daß mein Wille eine Umwandlung erfuhr und Regungen nachgab, die nicht von dem mir sonst eigenen Verstand bestimmt wurden.

In diesem Zustand, der mich vorantrieb, als ob ich von einer mächtigen Hand im Nacken gestoßen würde, tat ich verschiedene Dinge ohne jeden Sinn und Zweck. Ich betrat einen Laden, wo es Eis gab, und kaufte eine große Stange.

›Sollen wir sie hinbringen?‹ fragte man mich.

›Nein, nein‹, gab ich zur Antwort, ›ich nehme sie schon selber mit.‹

Und zur Verwunderung der Leute verließ ich den Laden mit der Stange auf der Schulter, von der das Wasser tropfte und meinen Anzug naß machte, was meine Gleichmütigkeit aber nicht erschütterte.

Die fremde Macht ließ mich eine Route verfolgen, die mir unbekannt war. In meinem Kopf saßen ein Straßenname und eine Hausnummer, wo weder Verwandte noch Bekannte von mir wohnten. Ich aber strebte, wie von einer fixen Idee besessen, immer in diese Richtung, dabei die Stange umklammernd, die mir wie ein zappeliger Fisch aus den Händen glitschen wollte. Als ich bei der Adresse ankam, die mir als Trugbild durch den Kopf geisterte, klingelte ich bei der erstbesten Wohnung, und es öffnete mir eine Dame, die mit der Zeit meine Verwandte werden sollte.

›Guten Tag. Ich bringe das Eis.‹

Ich sagte das im gleichen Tonfall wie ein Arbeiter aus der Branche, einer Branche allerdings, die nie etwas mit meinen eigenen Tätigkeiten zu tun gehabt hatte.

Die Frau erwies sich als sehr freundlich: ›Ich habe das nicht bestellt. Vielleicht ist es meine Tochter gewesen.‹ Und beiseite rufend, fügte sie hinzu: ›Dolors, hast du Eis bestellt?‹

Aus den Innenzimmern kam eine Stimme, die mir auf der Stelle das Herz raubte, und sogleich erschien ein Mädchen, das verblüffend genau dem Typ entsprach, der mir gefiel.

›Nein, Mama. Ich habe keins gekauft. Der junge Mann hat sich wohl im Stockwerk geirrt.‹

Bei diesen Worten blickte sie mich zärtlich an und lächelte. Noch nie war ich so lieblich angelächelt worden, und das gab mir die Kraft, um fest auf meinem Standpunkt zu beharren. ›Dieses Eis ist für hier, und ich habe nicht die Absicht, es noch woanders hinzubringen ...‹

Das war alles. Genau in demselben Moment verließ mich die seltsame Kraft, die mich bis dorthin geführt hatte, und mein Wille kehrte zurück, schwach, verwirrt, im Bewußtsein, daß ich mich in einer peinlichen Situation befand. Die Eisstange rutschte mir aus den Fingern, glitt über den Boden, erreichte die Treppenstufen und fiel in tausend Stücken die Treppe hinunter.

›Entschuldigen Sie‹, sagte ich zu den beiden Damen. ›Es ist ganz schrecklich, was mir da passiert. Ich glaub, mir ist schlecht.‹

Ich fühlte, wie sich mein Gesicht verfärbte und abwechselnd echt gelb und tiefrot wurde. Die beiden Damen erbarmten sich meiner und gewährten mir Hilfe.

Der Vater und zwei, drei andere Leute erschienen, so daß die Familie vollständig war. Was danach geschah, können Sie sich ja vorstellen; der Vater beschuldigte mich verschmitzt, ich hätte diese Intrige angezettelt, um seine Tochter zu sehen, und alle zeigten sich mit vergnügter Miene damit einverstanden. Ich selbst hatte, da es mir mehr Angst machte, die Wahrheit zu akzeptieren als jene Lüge, nicht den Mut, sie ihrer Illusion zu berauben. Und so bin ich also mit Dolors verheiratet, die letzten Endes ein liebes Mädchen ist ...«

Der kurzen Erzählung des Herrn Ernest folgte ein allgemeines Schweigen, welches wir nützten, um darüber nachzudenken, wie das Schicksal oft mit uns spielt, um uns auf den Weg zu bringen, der uns ziemt. Ich reagierte als erster:

»Sie wollen also sagen, daß mir dies alles nur deshalb geschieht, weil ich Clara heiraten soll?«

Darauf entgegnete mir die Mutter mit einem Anflug von Agressivität in der Stimme:

»Das ist ihre Sache, junger Mann. Mit dem Schicksal darf man es nicht kleinkariert nehmen.«

Wer meinen Fall nüchtern betrachtet, wird mit mir übereinstimmen, daß mir die Vorsehung keine große Wahl ließ. Zudem, der Mensch ist schwach, und wenn die übernatürliche Falle, die einem gestellt wird, die Sinne anspricht, so ist es sehr schwer, ihr zu entkommen. Clara war hübsch, ich war jung, und der Frühling entflammte mich.

Da nun, als ich schon nachgeben wollte, gab mir Herr Ernest Beweise seiner Loyalität. Er rief mich beiseite in sein Büro und sagte, als wir dann allein waren: »Hören Sie, junger Mann, wenn Sie nicht wirklich Lust dazu haben, dann heiraten Sie die Clara nicht. Lassen Sie die Vorsehung Vorsehung sein. Ich habe mich gefügt und hab' mich schön blamiert ...!«

»Ach, was denn!« antwortete ich. »Sie hätten ja bloß zu sagen brauchen, Sie hätten sich im Stock geirrt, und dann nach Hause gehn können und wären fein raus gewesen. Mir hat sie ja viel ärger mitgespielt, hält mich viel straffer im Zaum, da ist kein Entkommen. Denn bei allem schuldigen Respekt vor Ihren Rechten beharre ich darauf, daß hier noch bis vor wenigen Stunden mein Zuhause war.«

Er drückte meinen Arm und schaute mich mit einem traurigen Blick an, einem Blick, der sagen wollte, daß er meinen Fall begreife.

Die Angelegenheit nahm unerbittlich ihren Lauf. Seit Jahren bin ich mit Clara verheiratet, und es ist mir weder besser noch schlechter ergangen, als es in solchen Dingen zu gehen pflegt. Geblieben aber ist mir ein Schuldgefühl, etwas, das mein Gewissen mir oft vorhält und mir manche Stunde Schlaf raubt. Denn es mag ja gut sein, daß die Vorsehung so spektakuläre Stücke inszeniert, damit wir dorthin gelangen, wo wir hin sollen, aber daß sie sogar andere Leute aus dem Weg räumen muß, damit wir freie Bahn haben ...! Manchmal wache ich in der Nacht auf und denke: ›Was wohl aus der armen Irene geworden ist?‹

Manuel de Pedrolo

Anfängliche Hoffnung

Jenseits der Brücke lagen zwei Wege. Beide führten am Fluß entlang, der eine stromaufwärts. Der Mann blieb stehen, wie er es schon einen Augenblick zuvor getan, als er vom eisernen Geländer aus das Wasser betrachtet hatte, doch nun, weil er nicht recht wußte, auf welchem Weg er weitergehen sollte. Die Erde unter ihm und um ihn herum war ganz von Frühling erfüllt. Ob er wollte oder nicht, er spürte ihn, und das verband sich zutiefst mit seiner Unschlüssigkeit.

Endlich entschied er sich für den linken Weg, vielleicht aus dem einzigen Grund, weil etwas weiter weg ein Platz mit vier Bäumen war. Dorthin wandte er sich also und folgte dem Lauf des Wassers, das vom Regen des Vortags ein wenig trüb war. Das Gras, das sich in die Ferne erstreckte, und die Erde selbst trugen noch deutliche Spuren davon.

In der Nähe der Bäume machte er wieder eine Pause. Auf dem Platz war etwas, das er von der Brücke aus nicht hatte sehen können.

›Eine Leiche!‹ sagte er sich.

Zur völligen Überzeugung gelangte er, als er an die liegende Gestalt herantrat. Es war ein noch junger Mensch, der aussah, als ob er friedlich schlafe. Das heißt, er sah so aus wegen seiner Regungslosigkeit, denn die Augen hatte er offen. Ungeheuer blaue Augen, die, da ihnen bereits jedes Leben fehlte, lediglich das Licht des Himmels auffingen.

Er bückte sich, um ihn genauer anzusehen.

›Eine Leiche ...‹, wiederholte er, diesmal ohne Überraschung.

Auf den ersten Blick war nicht zu erkennen, woran er gestorben war. Er sah unversehrt aus, ohne Verletzungen, Löcher oder sonstige Spuren. Er berührte ihn nicht, kniete aber neben ihm nieder und musterte ihn mit aufmerksamem Blick.

Dann stand er wieder auf und schaute sich um, ob jemand da wäre. Doch er war allein. ›Und was mach' ich jetzt?‹ fragte er sich.

Ihm schien, er könne ihn nicht da liegen lassen. Seine Haltung den Toten gegenüber war schon immer ein wenig egoistisch gewesen, und von diesem Fehler hatte ihn nicht einmal die wahrhaft beeindruckende Menge Toter heilen können, die er während der letzten Jahre gesehen hatte. Es war, als hätte er sich nie daran gewöhnt. Denn jeder Tote war wieder anders.

Diesen kannte er überhaupt nicht; es war ein ganz und gar unbekannter Toter. Aber waren das die andern nicht auch gewesen?

›Nein, ich kann ihn nicht allein lassen‹, wiederholte er. Abermals sah er ihn an, wie er so friedlich, so still, ein bißchen unanständig in seinem endgültigen Erschlaffen dalag. Dann machte er ein paar Schritte Richtung Wasser, wo er erneut stehenblieb.

Er starrte auf den Fluß, fast ohne ihn zu sehen. Andererseits war auch nichts Besonderes an ihm; es war einfach ein Fluß wie viele. In seinem Innern wirkte der Schlag noch nach, den er eben erhalten hatte, denn hier, in dieser hübschen Gegend, hätte er alles erwartet, nur keine Leiche.

Er drehte sich, um sie anzuschaun, als ob er Angst hätte, sie könnte verschwunden sein. Aber sie hatte sich natürlich nicht gerührt; sie lag noch immer da, so still und unwandelbar wie zuvor. ›Klar‹, sagte er sich, ›es ist ja nur ein Toter.‹

Gerade darum konnte er ihn nicht allein lassen. Er fühlte sich auf undeutliche Art solidarisch mit ihm, und gleichzeitig quälte es ihn, nicht zu wissen, woran er gestorben war. Bei den andern, den vielen andern, die er gesehen hatte, war das nicht so. Sie hatten alle Wunden, da alle eines gewaltsamen Todes gestorben waren. Dieser hingegen ... Er konnte sich einfach da hingelegt haben, um zu warten. Manche tun dies, er wußte das.

Er kehrte zur Leiche zurück und wagte zum ersten Mal, die Hand auszustrecken. Er berührte ihn sanft mit den Fingerspitzen, die über die Stirn und dann über die rechte Backe strichen.

Er stellte fest, daß noch ein bißchen Wärme in ihm war. Er war erst seit ganz kurzem tot.

›So ist's besser‹, überlegte er, wie wenn er eine schwere Sorge los wäre. Nicht, daß das im Grunde von Bedeutung gewesen wäre, denn warm oder nicht, es war ein Toter. Aber ebensowenig war es von Bedeutung, daß er selbst lebendig war, denn lebendig oder nicht, eines Tages würde er sterben.

Er zog seine Finger zurück und fuhr fort, ihn zu betrachten. Es war nicht nur ein junger, sondern auch ein schöner Mann, mit mattblondem, seidigem Bart und langen, feinen Wimpern, fast wie von einem Mädchen. Er war gut angezogen.

›Vielleicht sollte man ihm die Schuhe ausziehn‹, sagte er sich. Es fiel ihm nicht ein, daß ihm das Schwierigkeiten bringen könnte. Er sah nur das eine: daß eine Leiche in Schuhen unerträglich ist. Weshalb, wußte er nicht, und es schien sogar seltsam, daß er, nachdem er so viele Tote gesehen hatte, noch immer an dieser pseudozivilisierten Gewohnheit festhielt, ihnen die Schuhe ausziehen zu wollen.

Er bückte sich also und zog die Schuhe von den Füßen des Mannes, so daß er in bloßen Strümpfen dalag. Er sah, daß es elegantes, städtisches Schuhwerk war, leicht und bequem. Er stellte die beiden Schuhe dicht nebeneinander hin, so daß sie sich berührten, ohne zu merken, daß sie in dieser Gegend und unter freiem Himmel einen ungewohnten Anblick boten. Nachdem er nun diese Sorge los war, setzte er sich etwas weiter weg hin, vielleicht einen Meter vom Kopf des Verstorbenen entfernt. Da er nicht wußte, wieviel Zeit er hier würde zubringen müssen, holte er seinen Tabaksbeutel hervor und drehte sich eine Zigarette.

› Es spielt keine Rolle, wer es ist ‹, dachte er, und er meinte es ehrlich. Wenn er gewollt hätte, hätte er ohne weiteres seine Brieftasche suchen und in seinen Papieren nachsehen können. › Es ist irgend jemand. Ein Toter ist immer irgend jemand, und ich weiß nicht, warum sich alle immer um die Identifizierung kümmern. ‹ Ihm fiel ein, daß er, wenn er eine Hacke und eine Schaufel hätte, sich selbst darum kümmern würde, ihn zu begraben, etwas später natürlich erst, wenn der Abend hereinbräche und die Leiche kälter geworden wäre. Doch er hatte kein Werkzeug zur Verfügung, so daß er nichts tun konnte außer warten.

Er war bereit, geduldig auszuharren. Eile hatte er keine, er hatte nie welche gehabt, und heute schon gar nicht. Hatte er nicht spazierengehen wollen? Und war das nicht unendlich viel mehr wert, bei einem Toten zu wachen als spazieren zu gehen?

› Bis zu einem gewissen Grad ist diese Begegnung durch die Vorsehung bewirkt worden ‹, sagte er sich. In Anbetracht dessen, daß er weder an Zufälle noch Vorsehung glaubte, war das eine Ausrede sich selbst gegenüber. Seit jeher war er dazu bestimmt gewesen, diese Leiche zu finden. Ein Grund mehr, sie mit soviel Liebe, soviel Fürsorge zu bewachen.

Während er rauchte, fuhr er fort, ihn zu betrachten. Er sah sich in ihm. Er hatte ein anderes Gesicht, einen anderen Wuchs und, nach allem, was er beurteilen konnte, eine andere Konstitution. Doch er sah und erkannte sich in ihm; letzten Endes tat er also nichts anderes, als sich eine vorzeitige postume Ehre zu erweisen.

›Für mich werd' ich es nicht tun können‹, murmelte er voller Zärtlichkeit und Verzweiflung. Das war das Geheimnis des ganzen. Aus diesem Grund hatte er sich den Leichen anderer gegenüber immer egoistisch verhalten, darum blieb er da, rauchte vor sich hin und gab ein wenig acht bei der Wahl seiner Gedanken.

Er schaute zum Himmel auf, zum blauen Himmel, dann wieder auf den Mann. Weder in der Erscheinung des einen noch des andern konnte er einen Mißklang entdecken. Der Himmel war für den Mann, der Mann für den Himmel gemacht. ›Und immer noch besser, als im Bett zu sterben‹, sagte er sich.

Er empfand keine Neugier mehr, zu erfahren, woran der Mann gestorben war. Das war nebensächlich; einzig, daß er tot war, zählte. ›Manche haben einfach Glück‹, spann er seinen Faden weiter. ›Ich habe vielleicht einmal nicht so viel.‹ Natürlich würde er das nie wissen. Gerade deshalb hätte er es gerne jetzt gewußt, zum voraus.

Er hatte die Zigarette zu Ende geraucht und wollte eben den Stummel wegwerfen. Da schien ihm jedoch, daß das eine Taktlosigkeit wäre. Nicht eigentlich die Tat selbst, sondern ihre Auswirkungen. Es würde die Erde und die Leiche beflecken. Jetzt war das sauber, rein, Erde und Gras und Fleisch. Sonst nichts.

Er stand auf und ging an den Fluß, wo der Zigarettenstummel nach kurzem Hin und Her, wodurch er einige Meter weiter flußabwärts geriet, untersank. Zur Leiche zurückgekehrt, setzte er sich wieder hin, nicht wo er zuvor gesessen hatte, sondern ein Stückchen weiter weg, unter einen Baum, und lehnte seinen Rücken an den Stamm. ›Das Warten kann lang werden‹, sagte er sich.

Auf dem ganzen Weg hatte er niemanden gesehen. Er war wenig begangen. Vielleicht würde bis spät abends, wenn die Bauern die Felder verlassen, niemand vorbeikommen. Heute vielleicht nicht einmal dann. Alle Felder sahen so einsam aus. Vielleicht war irgendwo ein Fest.

›Solche Gedanken sind beleidigend‹, warf er sich vor. Er verstand wohl, daß die Leiche nichts davon zu wissen brauchte, aber er wußte es, und das genügte. Er wollte bei sich nicht den Eindruck erwecken, dieses Warten langweile ihn. Zunächst weil es nicht stimmte, und dann, weil er viel zu viel Respekt vor sich selbst und auch vor seinem künftigen Tod hatte. Um nichts in der Welt wollte er der Ungeduld in die Klauen geraten.

Er wußte noch nicht recht, daß er einen der großen Augenblicke seines Daseins erlebte. Was konnte er mehr verlangen? Ein Himmel so blau, daß er einem die Augen blendete, weiche Erde, vom Regen schmiegsam, ein Dutzend schützender Bäume ... Gibt es denn mehr? Er schloß die Augen, nicht um sich alledem zu entziehen, sondern gerade umgekehrt, in der Absicht, es noch besser zu genießen, wenn er sie von neuem aufmachte.

Als er sie aber wieder aufmachte, achtete er nicht mehr auf den Himmel und nicht auf die Erde. Seine Einsamkeit war zu Ende. Das heißt ... Nein, es ging nicht. Es war eine Frau. Er wußte, daß da nichts lief, in Gegenwart einer Leiche. Es sei denn, sie wäre eine Professionelle ... Aber auch so nicht. In diesem Falle wäre sie abgebrüht.

Die Frau schritt flink auf dem Weg voran; sie trug ein Körbchen an der Hand. Sie hatte noch nichts bemerkt, da sie auf den Fluß schaute und andererseits von der Sonne, die ihr ins Gesicht schien, geblendet wurde.

Er sah, daß sie jung und attraktiv war. Um so schlimmer. Sie würde erschrecken, schreien, vielleicht die Flucht ergreifen. Im allgemeinen jagen Leichen den Mädchen Furcht ein. Er verstand nicht warum, doch hatte er es wiederholt festgestellt. Sie konnten sich nicht daran gewöhnen, und wenn sie Dutzende gesehen hatten. Eigentlich sahen sie sie nämlich nicht. Sie wollten sie nicht sehen, sie schlossen die Augen ...

Das Mädchen blieb stehen. Sie hatte gerade den Mann und die Leiche bemerkt. Doch zeigte sie sich nicht erschreckt, sondern überrascht. › Sie glaubt wohl, er schläft ‹, ging es ihm durch den Kopf. Er sagte sich das mit einem Beiklang von Verachtung, der eben noch dadurch gemildert wurde, daß das Mädchen wirklich sehr jung und hübsch war, mit jener ungezwungenen Anmut, ohne Mystifikationen, wie sie den Frauen vom Land zuweilen eigen ist, wenn die Familie keine Lasttiere aus ihnen gemacht hat.

Sie war zwar stehengeblieben, aber nur ganz kurz, denn nun ging sie wieder vorwärts, wobei sie immer zu den Bäumen hinschaute. Sie hatte den Blick des Mannes aufgefangen und erwiderte ihn ohne Scheu und ganz natürlich. Dann glitten ihre Augen langsam zu der am Boden liegenden Gestalt hin.

Es dauerte ziemlich lange, bis sie begriffen hatte, vielleicht sogar länger als normal. Oder vielleicht ging es gar nicht darum, daß sie nicht begriff, sondern daß sie es nicht glauben konnte. Es mußte sie befremden, ihn so ruhig dasitzen zu sehen. Wenigstens war das die Erklärung, die er sich gab.

Das Mädchen ging nicht vom Weg herunter. Erneut betrachtete sie den am Baumstamm lehnenden Mann und befeuchtete sich die Lippen, als ob sie ausgetrocknet wären. Er wartete stumm.

»Er ist tot«, sagte das Mädchen schließlich.

Er nickte. Er war ziemlich überrascht. Sie benahm sich nicht so, wie er befürchtet hatte. Nein, sie schien gar nicht erschrocken.

»Haben ... Sie ihn getötet?«

Er verneinte auf dieselbe Weise, wie er bejaht hatte, mit einer Bewegung. Anschließend sagte er:

»Warum hätte ich ihn töten sollen? Ich kenne ihn nicht.«

Da verließ das Mädchen den Weg, ging an die Leiche heran und betrachtete sie aus nächster Nähe.

»Und Sie, kennen Sie ihn?« fragte er sie.

»Nein, ich hab' ihn noch nie gesehen. Er ist wohl nicht von hier ...«

Sie sagte es ganz ruhig, als ob da keine Leiche wäre. ›Ein seltsames Mädchen‹, dachte er. Doch dann tat es ihm leid, daß er das gedacht hatte, denn eine solche Überlegung hätten viele Leute angestellt, wenn sie ihn neben dem Toten gesehen hätten, wie er ihm Gesellschaft leistete. Er wußte, daß die Mehrheit der Menschen nichts begreift. Vielleicht war also dieses Mädchen anders. Mochte dem sein, wie es wollte, als sie ihn abermals ansah, hatte sie klare Augen.

»Was ist ihm denn passiert?« fragte sie.

»Ich weiß nicht. Ich kam hier vorbei und hab' ihn gesehen. Dann bin ich dageblieben.«

Sie schien das so natürlich zu finden, daß sie sogar mit einem deutlich sichtbaren Kopfnicken zustimmte.

Sie betrachtete noch einmal die Leiche, bückte sich und schloß ihr die Augen.

»Und was machen Sie jetzt?« interessierte sie sich.

»Nichts. Ich hab' es Ihnen ja gesagt: warten.«

»Natürlich«, stimmte sie zu.

Diese Einfachheit rührte ihn. Er betrachtete sie aufmerksamer als zuvor. Ja, sie war sehr jung, vielleicht nicht einmal achtzehn. Gleichzeitig war sie eine ausgewachsene Frau. Es schien, als vereine sie die Vorzüge der Jugend und der Reife, ohne einen ihrer Mängel.

›Ein erfreulicher Anblick‹, sagte er sich. In der Tat, es war mehr als das.

Sie entfernte sich von der Leiche und ging auf den Baum zu.

»Wenn es Ihnen nichts ausmacht«, sagte sie, »würde ich auch gern warten.«

»Nein, natürlich nicht. Bleiben Sie.«

Sie stellte den Korb auf den Boden und setzte sich in seine Nähe, die Beine unter den Rock gezogen. Sie sah ihn an, und beide lächelten einander zu. Der Mann empfand das Bedürfnis zu kommentieren:

»Ich konnte ihn doch nicht allein lassen ...«

»Ja, ich weiß«, stimmte sie zu.

Es war sogar zu einfach. Er konnte es nur schwer glauben.

»Es kann vielleicht lange dauern«, fügte er hinzu.

»Das macht nichts.«

»Werden Sie nicht erwartet?«

Das Mädchen zuckte die Achseln.

»Nein«, sagte sie und verbesserte gleich: »Das ist egal.«

Nach einer kurzen Pause fing sie wieder an:

»Wie ich sehe, haben Sie ihm die Schuhe ausgezogen.«

»Ja.«

Er wußte nicht recht, was er sagen sollte. Sie verwirrte ihn ein bißchen. Sie war es dann, die erneut begann:

»Ich wüßte gern, woran er gestorben ist.«

»Das hat keinerlei Bedeutung«, erwiderte er. »Er ist tot.«

»Schon. Aber ich wüßte es gern. Vielleicht weil ich eine Frau bin«, lächelte sie, wie zur Entschuldigung.

Der Mann erwiderte nichts. Sie hatte recht.

Beide betrachten sie die Leiche, und auf einmal war ihnen, als ob sie es wäre, die ihnen Gesellschaft leistete. Ohne sie wären sie allzu allein gewesen. Und sie waren zu jung. Die Leiche verband sie und trennte sie, und das war gut. Beide fühlten sich dafür dankbar.

Der Mann holte den Tabaksbeutel hervor und drehte sich noch eine Zigarette.

»Sie sind also von hier?« fragte er, als ob er ein unterbrochenes Gespräch fortsetzte.

»Ja. Aus Souville.«

»Ich kann mich nicht an Sie erinnern.«

»Ich mich auch nicht an Sie.«

»Ich bin eben nicht von hier. Aber ich kenne die Leute. Wie heißen Sie?«

»Simone Cloret.«

»Ich bin Jacques Delhome.«

Sie schauten sich an und lächelten wieder.

»Und wer ist er wohl?«

»Ein Mann. Der Name ist unwichtig. Er ist wie alle, die gestorben sind.«

Er stand auf und machte ein paar Schritte, ohne sich weit zu entfernen.

»Was ich wissen möchte«, sagte er dann, »ist, warum Sie dageblieben sind. Oder wissen Sie es vielleicht nicht?«

»Sie waren so allein ...«

»Also meinetwegen haben Sie es getan?« wunderte er sich.

»Nein. Weder Ihret- noch seinetwegen. Ohne ihn hätte ich es allerdings nicht getan. Sie wären ein Fremder gewesen.«

»Und jetzt nicht?« fragte er, insgeheim gerührt.

»Sie wissen doch, nein.«

Er betrachtete sie jetzt verstohlen. Er verstand sie nicht ganz. Dinge sagte sie ... Doch war es wirklich das? Er begriff, warum er sich über sie wunderte. ›Sie ist zu gesund‹, sagte er sich. Doch das war kein Grund. ›Das bin ich auch‹.

Er entfernte sich zum Fluß, wo er stehenblieb und aufs Wasser schaute. ›Bloß ein gesunder Mensch konnte dableiben‹, dachte er. ›Aber sie ist auf andere Art gesund. Da sind wir nun, der eine rechts, der andere links, und dazwischen die Leiche.‹

Das regte ihn auf, und wütend warf er den Zigarettenstummel weg. ›Warum mußte sie auch kommen? Ich brauchte sie überhaupt nicht. Sie macht alles kompliziert.‹ Zum erstenmal empfand er Mitleid mit der Leiche, denn nun glaubte er zu wissen, daß sie sie vergessen würden, ja, sie bereits vergaßen. ›Ein abstraktes Ding‹, sagte er sich.

Er hörte sie hinter sich, drehte sich aber nicht um.

»Ob es wohl sehr kalt ist? ...« meinte sie.

Sie kam ein Stückchen vor und setzte sich ins Gras. Sie streckte sich aus und tauchte eine Hand ins Wasser.

»Ganz sonnenwarm«, sagte sie.

»Wollen Sie etwa baden?«

»Wenn ich einen Badeanzug hätte.«

»Wenn es nur das ist ... Ich gehe schon«, antwortete er.

Und plötzlich ging er, zutiefst verstimmt, weg. Natürlich war dazu kein Anlaß vorhanden; im Grunde genommen war Baden eine Handlung, die mit den Umständen in Einklang stand. Jedoch bloß, wenn sie allein gewesen wäre. Nicht, wenn er da war.

Mit langen Schritten erreichte er die Bäume. ›Vielleicht habe ich unrecht‹, sagte er sich, ›aber das ist gleich.‹ Er konnte es nicht verhindern, daß er sich gereizt fühlte. Und wenn er es nicht noch mehr war, so darum, weil er nicht eigentlich glaubte, daß sie sich entschließen würde zu baden. Sie würde es bleiben lassen. Es störte ihn also, daß sie jenen Wunsch ausgesprochen hatte.

›Aber merkwürdig ist es‹, mußte er sich eingestehn. ›So oder so wüßte ich gern, warum sie geblieben ist. Nicht um zu baden und nicht wegen des Toten. Meinetwegen auch nicht. Warum also?‹

Er wandte sich um zum Fluß, aber am Ufer war niemand. Das Mädchen war verschwunden. Wenig später hörte er, ohne sie zu sehen, daß sie im Wasser planschte.

›Sie hat es getan!‹ rief er beinahe laut. Und zu seiner Verwunderung ließ sein Ärger augenblicklich nach. Er war dumm gewesen. Es war ihr gutes Recht zu baden, und sie beleidigte die Leiche überhaupt nicht. Er sah ihn an, wie er so unbeteiligt, so neutral, aber noch immer wie eine befehlende Kraft dalag. Er hatte Mitleid mit ihm. ›Ich verlasse dich nicht‹, sagte er zu ihm. ›Weder sie noch ich werden dich verlassen.‹

»Jacques!« rief es nach ihm.

Beinahe fröhlich ging er wieder zum Fluß. Aus dem trüben Wasser ragten der Kopf und braune Schultern.

»Es ist einfach herrlich«, sagte sie und planschte.

»Zu schmutzig.«

»O nein, das ist nur Erde.«

Und sie schwamm stromabwärts. Er setzte sich ans Wasser, um auf sie zu warten. Die Sonne begann bereits zu sinken, es mochte noch zwei Stunden lang hell bleiben. ›Vielleicht müssen wir die ganze Nacht hier verbringen‹, überlegte er, ›denn wenn wir ihn bei Tag nicht haben liegen lassen, können wir es beim Dunkelwerden noch weniger.‹

Er wartete weiter. Das Mädchen schwamm schon wieder in weiten, geschickten Zügen den Fluß herauf. Man sah, daß sie eine gute

Schwimmerin war. Sie mußte von ganz klein auf mit dem Wasser vertraut sein, wie alle aus dem Dorf.

Fröhlich hob sie einen Arm und winkte ihm.

»Haben Sie noch nicht genug?«

»Nein«, rief sie.

Jacques stand auf und kehrte zur Leiche zurück, wo er sich mit dem Rücken zum Fluß hinsetzte. Er berührte ihre Backe, wie er es zuerst, Stunden früher, getan hatte. Der Tote war kalt.

›Genau genommen‹, dachte er, ›ist er jetzt nichts mehr.‹ Er hatte in seinen Augen eine gewisse Wirkungskraft verloren. Trotzdem jedoch war er weiter eine Leiche. ›Wenn wir ihn jetzt begraben könnten, wäre alles ausgezeichnet. Aber wir haben kein Werkzeug.‹ Und mit den Nägeln konnten sie ja kein Loch machen ...

Sie würden warten, so lange wie nötig warten. Wenigstens er. Bei Simone konnte er natürlich nicht sicher sein. Es sah aus, als ob sie es begriffen hätte, aber schließlich war sie ein Mädchen und mochte denken, wenn sie ihm eine Weile Gesellschaft leiste, sei es damit getan. Wie jemand, der eine Pflicht erfüllt. Und eine Pflicht war es nicht.

Er sah, daß sie lächelnd zwischen den Bäumen hervortrat. Sie schien glücklich, von Leben überschäumend. Vielleicht hatte sie ein bißchen ihrer Anmut eingebüßt, denn ihre Haare hingen feucht an ihr herunter. Doch sie war immer noch erfreulich anzuschaun. Ebenso erfreulich oder mehr als zuvor.

»Ich dachte, Sie kämen auch ...«

»Nein«, erwiderte er, ohne zu sagen, warum. Das wäre gewesen, wie wenn man die Leiche im Stich gelassen hätte.

Das Mädchen setzte sich und zog die Beine unter wie zuvor.

»Es ist sehr spät«, sagte er. »Sie werden wirklich nicht erwartet?«

»Es ist gleich«, wiederholte Simone. Sie betrachtete ihn. »Wollen Sie denn, daß ich gehe?«

»Nein. Durchaus nicht. Ich habe es gern, wenn Sie bleiben.«

»Ich bin da nicht sicher«, überlegte das Mädchen. »Warum?«

Er wußte nicht, was er antworten sollte. Er war aus vielen Gründen froh darüber. Aber keiner davon war klar genug umrissen, daß er ihn hätte in Worte fassen können.

»Wir erweisen ihm so mehr Ehre«, sagte er schließlich. »Außerdem sind Sie so hübsch!«

»Nein, das nicht.«

»Doch, das sind Sie.«

»Ich meine, daß Sie mir das nicht sagen dürfen.«

»Vielleicht haben Sie recht«, räumte er ein.

Erneut schwiegen sie. Die Nacht senkte sich langsam herab. Es war ein sehr langer Abend, mild, unendlich mild, und beide waren ein wenig beeindruckt.

»Bald wird es Nacht sein,« sagte Jacques.

»Und?«

»Nichts ... Wenn wir eine Schaufel und eine Hacke hätten, könnten wir ihn begraben.«

»Möchten Sie ihn denn begraben?«

»Freilich.«

Sie drehte sich zum Wasser hin.

»Und warum nicht in den Fluß?«

Daran hatte er nicht gedacht, doch die Idee gefiel ihm nicht. Er blickte sie streng an.

»Wollten Sie denn gern im Fluß begraben werden?«

»Ja«, sagte das Mädchen. »Ein Ort so gut wie jeder andere.«

Er dachte darüber nach. Vielleicht ja. Nur daß er sich in Gedanken immer unter der Erde hatte ruhen sehn, und nun fiel es ihm schwer, eine Vorstellung zu akzeptieren, die ihm neu war.

»Aber er würde obenauf treiben«, warf er nach einer Weile ein.

»Nicht, wenn wir ihn mit Steinen beschweren würden ...«

Er überlegte, aber er betrachtete sie mit Argwohn.

»Sie wollen ihn loswerden, egal wie, nicht wahr?«

»Nein«, sagte sie. »Wenn das so wäre, brauchte ich nicht hierzubleiben.«

Auch diesmal hatte sie recht. Da war also nichts Eigennütziges oder Schäbiges in ihrem Vorschlag. Er war aufrichtig gemeint. Vielleicht war das sogar ratsam.

»Ich weiß nicht ...« sagte er zögernd.

»Nirgends wäre er besser aufgehoben. Das Wasser des Flußes ist weich und angenehm.«

»Das stimmt.«

»Machen wir's?«

Sie erhoben sich und standen eine Weile da und betrachteten die Leiche. Beide begannen, sich etwas losgelöst von ihr zu fühlen.

»Helfen Sie mir?« fragte er.

»Ja.«

Sie nahmen ihn, der eine beim Kopf, der andere bei den Füßen. Langsam trugen sie ihn zum Fluß. Er war nicht sehr schwer, und das Wasser war nah. Sie legten ihn ans Ufer hin und machten sich daran, Steine zu sammeln. Sie füllten ihm die Taschen damit und steckten ihm auch ein paar unters Hemd und in die Hose.

»Glauben Sie, er kommt nicht wieder hoch?«

»Ich glaube nicht«, sagte Simone. »Und der Fluß ist hier tief.«

Er bückte sich, um ihn unter den Armen zu fassen.

»Sie wollen also wirklich nicht wissen, wer er ist?« hielt ihn das Mädchen zurück.

Er schüttelte den Kopf.

»Nein, ich hab' es Ihnen doch gesagt. Früher habe ich gedacht wie Sie. Jetzt nicht. Ein Toter ist ein Toter.«

Er hob den Körper etwas an. Sie nahm ihn bei den Füßen, und so schwenkten sie ihn vor und zurück.

»Jetzt!« sagte Jacques.

Die Leiche beschrieb eine kleine Kurve, und als sie auf dem Wasser aufschlug, gab es eine Fontäne, die sie naßspritzte. Sie verschwand, als ob es sie nie gegeben hätte.

»So, fertig«, sagte das Mädchen.

Aber sie blieben noch eine Weile da stehen und blickten aufs Wasser, das wie gewöhnlich, ungestört dahinfloß.

Am Himmel war noch etwas Licht, und die schattenlose Landschaft verlor sich zart in der Ferne.

Ernst blickten sie einander an.

»Ich heiße Simone«, sagte sie.

»Und ich Jacques«, sagte er.

Doch es nützte nichts. Auch so konnten sie sich nicht anlächeln.

Das Mädchen entfernte sich zu den Bäumen, wo sie den Korb hatte stehen lassen. Er sah, wie sie ihn nahm und auf dem Weg fortging, zum Dorf, ohne sich umzudrehen oder ihm adieu gesagt zu haben. Er empfand ein gewisses Bedauern darüber, aber es war die Art von Bedauern, die man angesichts unerreichbarer schöner Dinge verspürt.

Denn sie war eine Fremde.

Maria Aurèlia Capmany

Das Geländer, der Zitronenbaum und das Meer

Against you I will fling myself, unvanquished
and unyielding, O Death!
The waves broke on the shore.
(The Waves, Virginia Woolf)

Geruch nach ... Duft nach ... Gestank noch nicht. Sie kennt erst den Unterschied zwischen dem lauwarmen Pipigeruch und dem scharfen, vornehmen Geruch von Kölnischwasser. Auch den seidigen Pudergeruch. Und dazu ein anhaltendes, all die andern Gerüche begleitendes, intensives Düftchen nach saurer Milch. Ach, doch wenn er, ein riesiger, lachender Mund, sich dann herunterbeugt, rieselt wie ein Freudenregen noch ein anderer Duft hernieder. Tief, tief, tief atmet, saugt sie die Gerüche ein. Und die Träume sind gelbe Geruchsblasen.

Sie, *Ma-a*, ist etwas Großes, blau Duftendes, voller Polster, Schlaf und Sättigung. Sie ist ein kleines Lachen. Er, *Pa-a*, ist das völlige Anderssein. Selten und besonders ist er, ein kräftiger, weicher, entzückter lachender Mund. Wenn er lacht, ruft er: »Berta! Kindchen! Berta!« Und Berta wächst, wächst immer mehr in die Höhe. Und über dem schimmernden, glänzenden braunen Kopf geht die Bläue des Meeres auf. Der Geruch des Meeres und der scharfe, feinfeine, schwellende Geruch des Zitronenbaums.

Die Mutter ist weiß und rosarot und hat eine zarte Stimme, aber sie zieht sie an den Haaren, spritzt ihr brennende Seife in die Augen, reibt ihr das Gesicht und die Knie. Sie schlägt sie auf die Finger, wenn sie aus Versehen etwas aufliest. Sie schimpft, wenn das Kleid ganz von selbst schmutzig wird. Der Vater ist dunkel, er hat Haare im Gesicht, hat riesengroße Hände und eine rauhe Stimme. Sanft beugt sich seine Stimme nieder, die so aufrecht ist, um mit ihr zu sprechen. Er kauert auf ihre Höhe herunter, indem er sich langsam, auf ganz seltsame Art, zusammenfaltet. Er trocknet ihre Tränen. Oder er nimmt sie mit den Armen, diesen harten Armen, und dann ziehen rasend schnell das Geländer, der voll grüner Kugeln hängende Zitronenbaum und das Meer vorüber. Der Geruch und die Farbe von Meer und Zitronenbaum verschmelzen in den Tränen eines unendlichen Lachens.

Das Geländer hat einen kleinen Sockel. Wenn sie die Füße auf den Sockel stellt und sich auf die Zehenspitzen hochzieht, kann sie den Bauch auf die Brüstung des Geländers legen. Das links ist eine Zitrone, ein Zitronenbaum. Die kleinen runden Dinger, die an seinen Zweigen festgemacht sind, werden bald nicht mehr grün und rund sein und sich langsam in goldene Früchte verwandeln. »Nirgends auf der Welt bekomme ich so eine Limonade zu trinken«, sagt der Vater. Vom Saft der Zitrone muß man sich schütteln, aber er schmeckt gut. »Weine nicht«, sagt der Vater, »ist ja nicht so schlimm.« Schmerz brennt. Schmerz ist etwas Heftiges, Böses, Heimtückisches, das sich an die Haut festklammert. »Ist ja nicht so schlimm. Wenn du brav bist, bist du morgen schon wieder gesund.« Die Mutter wird mit ihr schimpfen, weil sie, erst gestern noch, hohes Fieber gehabt und nicht auf die Terrasse hinaus gedurft hätte. Doch wieviel Freude macht einem das Meer! Schauen ist fast so schön wie etwas hinunterschlucken. Diese riesige, glatte, blaue Decke, die von oben am Himmel bis an den Strand herunterhängt, das ist das Meer. Unten im Meer leben Leute, die anstelle von Beinen Schwänze haben. Und Fische auch.

Der Badeanzug tropft auf die Steinplatten im Hof. »Warum hast du ihn nicht richtig ausgewrungen, wie ich dir's gesagt habe?« wird die Mutter sagen. »Ach, laß sie doch!« wird der Vater sagen. »Genau! Du verziehst sie. Sie wird noch mal unausstehlich. Macht nichts, wie es sich gehört. Immer nur träumen und faulenzen. Berta, wo bist du?« Auf dem Blau des Meeres liegt eine hauchdünne Silberschicht. Die Blätter des Zitronenbaums sind verbrannt an den Spitzen. Keine einzige Zitrone ist mehr da, aber er duftet. Nicht nach Zitronen; eine andere Art Geruch, herber, grüner. Jedesmal, wenn vom Meer ein Windhauch herüberweht, entsteht ein kompliziertes Duftgewebe. »Berta, wo bist du?« In der Ferne zieht ein Schiff vorüber. Wenn die Erde rund wäre, wie sie sagen, könnte man mit einem Schiff um sie herum fahren und an denselben Ort zurückkommen, als ob man nie von zu Hause fort gewesen wäre. In Wirklichkeit wird sie, wenn sie eines Tages eins dieser fernen Schiffe, die der klaren Linie des Horizonts folgen, besteigen kann, immer weiter und weiter und noch weiter fahren, auf einem unendlichen Meer, so wie dieses da vor ihren Augen. »Berta, hörst du mich nicht? Du bist unausstehlich!«

Furcht schreibt man mit f, *Vergehen* mit v. Zwanzigmal hat sie es schon geschrieben; bis es fünfzig sind, fehlen noch genau dreißig. Sie hat noch nicht einmal die Hälfte. Herr Coromines meint, daß jedes Wort sein eigenes Gesicht hat und man es kennen müsse wie das eines guten Bekannten. Was für ein häßliches Gesicht hat *Vorsicht*, wie munter ist das von *fertig*! Was für ein Vogel mag das sein: ein Rabe oder eine Elster? Ein Wiedehopf nicht, die haben einen Federbusch auf dem Kopf. Der Vogel weiß nicht, daß er beobachtet wird, denn er spaziert auf der Brüstung des Geländers hin und her. Er ist tiefschwarz. Mit blauen Streifen, metallblau. Hinter dem spazierenden Vogel bewegt sich das Meer. Und der Zitronenbaum schwingt seine Zweige. Die Blätter sind nun schon ganz grün. Die Elster (es muß eine Elster sein, denn sie ist schlank und bewegt sich ruckweise) ist einen Augenblick stehengeblieben. Sie guckt, mit einem Auge bloß, schräg von der Seite, starr und streng. Ein Auge aus goldenem Glas. Auf einmal hat sie entdeckt, daß sie das halbe Leben dafür geben würde, damit das für immer so bliebe: die stille, schlanke, schwarze Elster auf dem geweißten Geländer, links das grüne, saure Geäst des Zitronenbaums und das reißende Meer aus Südwest, das rasch, rasch, rasch vergnügt herangaloppiert und aus unzähligen Mäulern die weißen Zähne bleckt. Doch die Elster fliegt davon. »Berta, kommst du nicht runter?«

Wie soll ich einen Brief beginnen, um dir zu sagen, daß ich dich liebe? Schon eine ganze Weile betrachte ich das Meer. Die Boote liegen alle am Strand. Sie sehen so trostlos aus, die auf den Sand hochgezogenen Boote, unbeweglich unter dem Regen. Dichter Ostwindregen, und das Meer ist zähflüßig, erdgrau und scheint über all sein Brodeln kleiner geworden zu sein. Dafür hat der Regen den Zitronenbaum sonntäglich herausgeputzt. Wenn du sehen würdest, wie die Blätter glänzen! Und die Zitronen sind von einem duftenden, durchsichtigen Frostgelb. Papa mochte die Zitronen, und er sagte immer, daß es nirgends auf der Welt solche Zitronen gäbe. Wenn ich sie ansehe, möchte ich am liebsten weinen, aber ich kann nicht. Wie kann ich dir nur sagen, daß ich dich liebe, bloß so: ich liebe dich? Mama sagt, daß werde schon vorbeigehn. Aber ich weiß, daß ich sterben werde, falls sie schließlich recht behält. Ich schreibe deinen Namen ganz oft, weil ich ihn nicht laut sagen kann: Lluís, Lluís, Lluís. Ich schreib' ihn in runder, in englischer, amerikanischer, gotischer Schrift und in Großbuchstaben: LLUÍS. Wie schön wäre das, wenn du sehen könntest, wie ich weine, wenn ich deinen Namen schreibe! Ich wünschte, du könntest mich so sehen, wie ich gerade bin. Ich habe den Tisch vor den Balkon gerückt. Obwohl es kalt ist, habe ich die Balkontür aufgemacht, und der Regen kommt herein und spritzt auf meine Füße. Und durch die schräge Regenwand sehe ich das nasse Geländer und den Zitronenbaum, der wie eine riesengroße grüne Laterne leuchtet, und das Meer, dessen Wogen noch ganz durcheinander sind und das aufgeregt brodelt. Wie schön wäre das, wenn du mich sehen könntest, so einsam und so traurig und so voller Sehnsucht nach dir! Ich weiß nicht, wie ich's anstellen werde, um diesen Brief einzuwerfen; Mama und Tante sind immer hinter mir her und behandeln mich, als müßten sie mich von den Masern kurieren. Und ich weiß, daß ich sterben werde, wenn ihnen das gelingt.

Ein hauchdünner Lichtstreif zeichnete sich, in schöner Linie von rechts nach links, über der grauen Decke des Meeres ab. Dann spiegelte sich dieser Streifen auf der graublauen Schräge, und es erschienen nach und nach, einer unter dem andern, neue Lichtstreifen: blau, nicht sehr blau, golden, rot, violett, ganz weiß. Es gab einen Augenblick, da sie fürchtete, etwas werde schreien: sie selbst oder das Meer oder der Himmel, der auf einmal rot war. Ein wässeriges, zartes Rot, das die Kraft besaß, alles rot zu färben, außer den Zitronenbaum, höher nun, dichter belaubt, duftdurchströmt. »Berta, was machst du?« Sie zitterte, als ob ein Luftzug vorbeigeweht wäre, von innen herausgeweht jedoch, aus ihrer Nacht, in die warme Helle des Tages. Nie, nie mehr würde sie alleine sein. Sie wollte glücklich sein, sie mußte glücklich sein. Sie wird glücklich sein, denn sie liebt ihn mehr als alles in der Welt, bis ... Vom Bett aus fragte die schläfrige Stimme erneut: »Kommst du denn?« Der dichte Streifenmantel hatte sich vom Meer erhoben. Wann war das geschehen? Sie hatte doch keinen einzigen Moment weggeschaut. Sein Blau war vollkommen neu und ganz rein. »Ja, Joan.«

Der Riegel an den Fensterläden war völlig verrostet. Sie bekam ihn nur mit Mühe hoch. Endlich quietschte er, und sie stieß mit aller Kraft je mit einer Hand einen Flügel auf. Das Licht war so heftig, daß sie die Augen schließen mußte. Dann machte sie sie langsam auf und versuchte, ihren benommenen, von Vergessen und Nacht erfüllten Blick an das unbändige Licht des Meeres zu gewöhnen. Sie hatte genau zehn Minuten ganz für sich selbst, zehn Minuten, die die andern brauchen würden, um die übrigen Zimmer aufzumachen, Spinnweben zu entfernen, Schubladen aufzuziehen und zu rufen: »Oh, was ist das?« Übermütig, immer ein Lachen zuvorderst. Sie waren in den Garten hinausgegangen. Sie hörte ihre Stimmen und das Quieksen der Kleinen. Sie hörte eine tiefe Stimme, ein wenig müde, ein wenig ungeduldig, freundlich. Eine Knabenstimme, die sich bereits an der hauchdünnen, unsichtbaren Kante brach, welche die Kindheit von der Jugend trennt. »Papa, darf ich den Zitronenbaum stutzen?« Und den spitzen Schrei, wie von einer Spielzeugtrompete, der Kleinen. »Sieh mal, wie er unter den abgestorbenen Ästen wieder ausgeschlagen hat! Tapfer, tapfer! Er hat den Frost überstanden.« Er schon, ich nicht. Wie mich das Meer und der Zitronenbaum anschaun und sagen: Berta, bist du es wirklich? »Mama, sieh mal, was ich gefunden habe! Fang auf!« Etwas Rundes kam geflogen, und sie fing es mit beiden Händen. Es war ein kleiner, einäugiger, zerknautschter Kopf mit struppigen dunklen Haaren. Sie ließ ihn beklommen fallen. »Berta! Das Mädchen sagt, es weiß nicht, ob es den Herd anmachen soll oder nicht und ob ...« — »Ich komme gleich!« Sie hatte den unangenehmen Eindruck, irgendetwas zu vergessen. Etwas, das schon seit langem da auf sie wartete, stumm und undurchsichtig für ihren Verstand, für ihre benommenen Augen. Sie war daran, es erneut zu verlieren, und sie brauchte doch nur noch ein bißchen länger dazubleiben, vor ihr das Meer, und es wäre nicht mehr das rot verfärbte, von rostigen Regenspuren überfleckte Geländer, der unschöne Zitronenbaum mit den abgestorbenen Ästen, das glattpolierte Silbermeer, was sie sehen würde, sondern ... »Ich komme gleich!« sagte sie und hob im Vorbeigehn den Überzug für den Spiegel auf und legte ihn zusammengefaltet auf die Konsole.

»Du bist schuld, Mama, du und niemand anders. Es ist deine Art, wie du ihm die Dinge sagst, die macht ihn wütend, als ob für dich von vornherein feststünde, daß alles, was er tut, falsch sein müsse. Du behandelst ihn ...« Hinter den Balkonfenstern bog sich der Zitronenbaum. Draußen auf dem Meer mußte es schon regnen, denn man sah einen dichten, dicken, starken grünen Nebel, der die glatte Schräge des Meeres fast bis zum Strand bedeckte. »Da ist nichts zu machen. Ihr werdet euch immer weiter so weh tun, ohne Ende. Warum versucht ihr nicht mal, ohne einander auszukommen?« Was für ein wunderbares Licht entstand aus der weichfließenden Luft! Als sich das ganze zerzauste Geäst des Zitronenbaums niederbog, meinte sie, trotz der Fensterscheiben, den herben Geruch seiner Rinde zu riechen. »Laß ihn doch aus seinem Leben machen, was ihm gefällt. Es ist doch sein Leben. Laß ihn sich kaputtmachen und all die Pläne über den Haufen werfen, die du, völlig willkürlich, für sein künftiges Leben gemacht hast. Warum willst du ihn denn zur Vernunft bringen, wenn ...« Regen ergoß sich in schrägen Strömen. Alles, selbst das weiße Geländer, wurde nach und nach von flüssiger grüner Farbe durchtränkt, und es schwanden die Ecken und Kanten aller Dinge; und es reihten sich, ohne Hintergrund, ohne Körper, auf einer einzigen Fläche von Grün: das Geländer, der Zitronenbaum und das Meer. »Laß ihn in Ruhe, bitte, Mama. Wenn er gehn will, dann soll er gehn. Er ist nicht mehr dein kleiner Junge, er ist ein erwachsener Mann, und du kannst ihm nicht verbieten, sich soviel Schaden zuzufügen, wie er nur will.« Der Regen mochte so dicht fallen, daß sich die Scheiben zusammenzogen, und alles zitterte in welligem Wasser, auf dem hauchzarte Lichtgrannen tanzten.

Der Fingerhut fiel hinunter und gab ein hübsches Klingen von sich. Er war aus Silber und gehörte zu einem mit roter Seide ausgeschlagenen Nähtischchen. Ein prächtiges Nähtischchen von Seide und Silber, wie es im Volkslied heißen würde. Vor fünfundzwanzig Jahren hatte Joan es ihr geschenkt, und erst jetzt hatten der dünne rote Satin, die barocke Schere, der Fingerhut ihre unheilvolle Wirkung verloren. Joan hatte ihr das Tischchen geschenkt, um ihre Verzeihung zu erlangen, und sie hatte ihm verziehen, doch das Tischchen hatte sie nie benützen können. Es verursachte ihr leichte Übelkeit. Der Fingerhut rollte rasch unter den Sessel. Sie kniete nieder, langsam, vorsichtig. Den einen Arm stützte sie auf den Sessel, und mit der andern Hand konnte sie ihn ganz leicht hervorholen. Sie verharrte eine Weile, wie zum Gebet, über den Sessel gebeugt, um Atem zu schöpfen. Dann hob sie den Kopf und hielt erstaunt inne. So mußte sie während langer Zeit das weiße Geländer, die Reihe der bauchigen Pfosten und, durch die Pfosten hindurch, das grüne Licht der Blätter gesehen haben. Später hatte sie dann erfahren, daß hinter dem Geländer und dem grünen Geäst des Zitronenbaums das Meer war. Der Vater hob sie mit seinen starken, weit hinaufragenden Armen hoch, und sie konnte die große, blaue, unendliche Flut sehen. Die Knie taten ihr sehr weh, und sie beschloß, so schnell sie konnte, aufzustehn. Was ist als Alter doch für eine mühselige, unechte, von außen aufgezwungene Angelegenheit! Schließlich setzte sie sich und blies in den Fingerhut, so daß ein fröhlicher Pfiff entstand. Als sie ihn aufgesetzt hatte, hob sie die Hand vor die Augen, um ihn anzuschaun. Wie verloren doch die gebrauchten Dinge all ihr Gift und konnten mit behaglicher Nachsicht betrachtet werden! Sie nahm die Brille ab, welche die entfernten Gegenstände verschwommen erscheinen ließ. Nun würde sie, ohne Hindernis, ohne Ende, andächtig und eingehend das Dasein dieses Meeres betrachten. »Mama, wenn du dich mit der Kleinen beschäftigen wolltest, könnte ich gehen.« Sie stand ziemlich schnell auf. Eigentlich war sie noch gar nicht so alt. Ein Windstoß warf einen Fensterladen auf. Dieser Windstoß hatte die ganze Welt, die vom Rechteck der Balkontür umrahmt wurde, leuchtender werden lassen.

Sie legte den Flor zusammen, und das war nicht leicht, da er rutschig war und sie starre Hände hatte, trotz der warmen Morgensonne, welche die ferne Meeresoberfläche weiß färbte und den schwarzen Schatten des Geländers bis in die Mitte der Terrasse warf. Sorgfältig entfernte sie zwei, drei Fusseln und einen Faden vom schwarzen Rock. »Mach dir keine Sorgen«, wird er sagen. Aber er würde nichts sagen. Sie würde sich an diese einfache Wahrheit gewöhnen müssen: Er wird nicht eintreten, wird nicht reden, wird nicht husten, wird nicht brummeln, wird nicht alle Stunden des Tages mit seiner Gegenwart, mit der Ankündigung seiner Gegenwart erfüllen. Allmählich wird sie sich daran gewöhnen, nicht zu denken: Wenn er dann kommt ...; ich werd's ihm sagen, ihm, Joan. Sie wird um Mitternacht oder im Morgengrauen aufstehen können, ohne Furcht, daß er zu ihr sagt: Was hast du? Sie wird sich daran gewöhnen, irgendetwas zu entscheiden ohne das unvermeidliche: Wenn er ... Wenn sie diese Gewohnheiten dann langsam angenommen hat, wird seine Gegenwart durch die Erinnerung an seine Gegenwart ersetzt werden; › er sagt ‹ durch › er würde sagen ‹; › er will das nicht ‹ durch › er hätte das nicht gewollt ‹. Vielleicht wird das auch gar nicht so anders sein. Eine lebhafte Erinnerung ist einer unerklärlichen Gegenwart gewiß sehr ähnlich! Sie werden ihre geregelten parallelen Wege weitergehen, er als Abwesender, sie hier beschäftigt, Seite an Seite, ohne sich je zu begegnen. Sie war bereits angekleidet und schaute aufs Meer; er kämpfte mit dem Hemdkragen. »Wie soll man ihnen bloß begreiflich machen, daß sie die Knopflöcher nicht stärken!« — »Eines Tages saß ich hier, dem Meer gegenüber, und schrieb einen wunderschönen Liebesbrief.« — »Warum hast du mir ihn nicht geschickt? Machst du mir bitte diesen Knopf zu? Wie soll ich euch bloß sagen . . . ?« Es war wirklich schwierig, den Knopf durch dieses winzige, fürchterlich gestärkte Loch zu bekommen, und außerdem war er in der letzten Zeit sehr dick geworden. Sie sah verstohlen in den Spiegel über der Konsole und erblickte einen Mann und eine Frau, beide zu dick, zu festlich gekleidet und mit einer glänzenden Schicht zufriedener Gleichgültigkeit überzogen. Sie sagte nicht: Er war nicht an dich gerichtet. Denn wahrhaftig, an wen konnte er denn gerichtet gewesen sein? Sie legte den zusammengefalteten Flor auf das Nähtischchen, setzte die Brille auf und nahm die Stricknadeln zur Hand. Wie unendlich freundlich und gütig und reich war das Leben, die Gegenwart der Sonne, die Vollkommenheit einer jeden Form, die sie erblicken konnte, wenn sie die Brauen hob und über den Rand der Brille sah! Mit fünfzehn Jahren hatte sie, eben hier, von Lebenshunger gequält, lieber sterben wollen, falls ihr die absolute Erfüllung versagt werden sollte. Nun verspürte sie keinen unmäßigen Hunger, sie konnte weiterstricken und ab und zu über den Rand der Brille sehen, aber sie würde wild kämpfen, um diesen kleinen Besitz zu bewahren: das Geländer — wenn er heute abend kommt, will ich ihm sagen, daß man das Geländer weißen muß. Auf anderes kann ich verzichten, aber ich kann es nicht haben, wenn das Geländer nicht schön weiß, schön rein ist, vor dem grünen Zitronenbaum und dem blauen Meer.

»Ihr macht wohl besser die Balkontür auf und löscht die Kerzen. Nun macht kein solches Gesicht, es ist so, ich habe doch nichts Lästerliches gesagt. Ich tue ihr doch nicht weh, wenn ich feststelle, daß . . . gut, ich sag's nicht. Aber öffnet die Balkontür. Ich verstehe auch nicht, warum euch all das Tageslicht hier als Mangel an Ehrfurcht erscheinen soll.

Ich hatte noch nie bemerkt, wie schön diese Terrasse ist. Ich weiß nicht, warum sie den Eindruck unendlicher Jugend in mir erweckt: das weiße Geländer, links der Zitronenbaum und dahinter die dicke, blaue Wand des Meeres.«

Merçè Rodoreda

Der Fluß und das Boot

»Wenn Sie gern rudern — hinter dem Wald finden Sie den Fluß und das Boot«, sagte die Frau meines Freundes. Sie hatten mich eingeladen, das Wochendende auf dem Landsitz zu verbringen, und jedermann wußte, wie sehr ich das Wasser liebte. Ich erinnere mich an Mama, wie sie mit geradezu ängstlicher Hast erzählte, ich hätte als ganz kleines Kind gelacht, wenn ich gebadet wurde, und hätte, wenn man den Schwamm über mir ausdrückte, den Mund wie ein Fisch aufgemacht. Den ersten lebhaften Eindruck von Regen hatte ich im Landhaus, wo wir unsre Sommer verbrachten. Eines Nachts regnete es in einem fort, und ich stand auf, um dem Wasser zuzuschauen. Ich fürchtete mich in der Dunkelheit, aber ich ging auf die Terrasse hinaus, legte mich auf den Boden, der Regen fiel mir in den Mund, ich trank, und meine Angst verging. Das war das Wasser, das die Quellen füllte, dachte ich. Und jeden Tag stocherte ich mit einem Schilfrohr in der Quelle herum, damit ihr Wasser schnell ausging und sie die Wolken um mehr Regen bäte. Ich lernte schwimmen im Fluß. Mitten im Fluß befand sich eine kleine Sandinsel; dort legte ich mich hin, hielt die Beine ins Wasser, schloß die Augen und spielte, das dahineilende Waser nähme mich mit auf die Reise um die Welt. Mein Durst läßt sich gar nicht sagen. Eine wahre Leidenschaft für das Gefühl von frischem Wasser auf dem Zahnfleisch, für das Gefühl von Wasser, das durch die Kehle rinnt. Ein Glas voll Wasser, die Hand im Wasser, die Wange unter dem Wasser, das Bad ... Meerwasser mag ich nicht. Mein Wasser ist das Süßwasser, das Frühlingswasser, Wasser mit Röhricht, mit Blätterschatten an den Ufern, nicht sehr tiefes, durchsichtiges Wasser, mit Kieselsteinen auf dem Grund. Fließendes Wasser. Salzwasser greift an, Süßwasser nimmt einen auf. Süßwasserträume sind ohne Ende.

Bei Tagesanbruch stand ich auf; Wind wehte, und um mich her wirbelten einige von der Hitze versengte, vorzeitig abgefallene Blätter. Meine Freunde mochten noch schlafen: von außen gesehen machte das Haus einen seltsam verlassenen Eindruck, als ob nie jemand darin gewohnt hätte. Der Wald senkte sich in einem leichten Abhang zum Fluß hinunter, doch den sah man nicht, da er von hohem Gras und einer Reihe uralter Weiden verdeckt wurde. Ein Vogel rief: eine Elster, zum Himmel auf, über den Bäumen. Eine zweite folgte ihr, das Gefieder blau in seiner Schwärze und die Flügelspitzen weißer als Salz. Ich durchquerte den in der Dämmerung noch grauen Wald, als die Gerüche der würzigen Kräuter sich zu vermischen begannen. Das Wasser schimmerte, übersät von Licht- und Schattenflecken. Der erste Sonnenstrahl schien durch die Zweige und erlosch auf dem Wasser, um auf dem Grund als weißes Spinnweb verschwommen wieder aufzuleuchten. Wo die Reihe der Weiden zu Ende war, ragte das Röhricht auf. Das Ufer war mit Gras bewachsen. Ich fand das Boot hinter einem Gebüsch, das mit flammenfarbenen Kugeln gesprenkelt war, wie ein erstarrtes Feuer. Grün war es, der Anstrich rissig und ausgetrocknet. Die Ruder schwarz, als ob man sie mit Teer eingeschmiert hätte. Inmitten des Röhrichts, dicht beim Kiel des Bootes, schaukelte eine Puppe mit gespaltenem Kopf. Ihr Kleid, in Wetter und Wasser vermodert, hatte einen Saum aus kleinen Blättern. Bevor ich ins Boot stieg, badete ich. Das Wasser war zähflüssig, kein junges Wasser, sondern wie abgestanden, und der Fluß glich eher einem schmalen See als einem Fluß und war so grün, daß ich meine Arme kaum erkennen konnte, wenn sie vom Wasser bedeckt waren. Ich schwamm eine Weile. Als ich nachher im Boot saß, betrachtete ich meine Hände. Ich war zehn Minuten im Wasser gewesen, aber die Haut rings um meine Nägel war so weiß und runzlig, als wäre ich den ganzen Morgen darin gewesen. Als ich zu den Rudern greifen wollte, bekam ich Lust, ein bißchen auszuruhen: bei geschlossenen Augen und erhobenem Kopf konnte ich in der leichten Brise und im leisen Summen der Insekten — einen Augenblick zuvor hatte eine goldglänzende Biene auf dem Bootsrand gesessen — fast das langsame Kreisen aller Dinge erahnen, der Erde und des Wassers, der Insel von Weizen und Felsen und Bäumen, getragen von Wogen des Lichts und der Nacht. Und ich begann mit den schwarzen Rudern zu rudern. Das Boot bewegte sich träge: der Fluß war wie aus Öl, und die Ruder wurden immer schwerer. Ich ließ ein Schilfdickicht hinter mir und gelangte unter ein Laubgewölbe. In der Höhe brachte der Wind das Grün der Blätter zum Aufleuchten und Erlöschen, doch statt mich zu erfreuen, gab mir dieses Widerspiel von Licht und Schein am Eingang zum Schatten einen kleinen Stich ins Herz: es war, als ob mir irgend etwas Lebewohl sagte. Plötzlich verschwanden die hellsten Grautöne; der Wind hatte sich gelegt, und es bewegten sich nur noch die welken Blätter auf dem Wasser — eine Decke aus Rosttönen, die mit jedem Ruderschlag aufgerissen wurde. Vom Wasser stieg ein betäubender Duft auf. Draußen mußten Blumen mit Feuer auf den Blütenwangen stehen, brannte auf beiden Seiten wohl die Sonne auf die Erde, doch auf dem Wasser war das Licht düster und unangenehm. Ich sah, daß der Fluß schmaler wurde und die Baumstämme dichter standen, moosbewachsene Stämme, glänzend vor warmer Nässe, derselben, die an meiner Haut klebte. Es verging eine geraume Weile, und ich ließ, fast ohne es zu merken, das Rudern sein. Nichts war zu hören, weder das Rascheln eines Tierchens noch der Ruf eines Vogels. In mir drin begann sich etwas zu verändern, und ein ungewohntes Fieber brachte alles, was ich fühlte, zum Verschwimmen. Erneut fing ich an zu rudern: das Boot kam immer langsamer voran, obwohl ich mit aller Kraft ruderte. Halb unwillkürlich blickte ich auf das eine Ruder, gerade als ich es aus dem Wasser zog, und es schien mir, es sei kürzer geworden. Vom andern, das sich bog wie ein junger Zweig, war kaum noch die Hälfte übrig. Irgend etwas aus der Tiefe fraß das Holz und trug mich mühelos fort. »Wenn Sie gern rudern ...«, hörte ich die Stimme der Frau meines Freundes, doch konnte ich mich überhaupt nicht mehr erinnern, wie sie war, und hätte fast schwören mögen, wir hätten uns nie gekannt. Nicht ein Fingerbreit Erde noch ein Fleckchen Sonnenlicht war zu sehen. Alles war grün und schwarz, und der Fluß wurde schmaler, und bald würde das Boot nur noch knapp durchkommen und die Ufer seine Seiten dabei streifen. Die Ruder taugten bereits nicht mehr zum Rudern. Falls ich umkehren wollte, mußte ich aus dem Boot steigen und es dalassen, und meine Freunde würden mich fragen, was ich damit angestellt hätte, und ich müßte ihnen erklären, daß der Fluß schmaler wurde, daß die Bäume allmählich eine Wand bildeten ... Eine weiße Feder fiel herab und blieb flach auf dem Wasser liegen, das sie nicht einmal gespiegelt hatte. Die Bäume waren keine Bäume und die Blätter keine Blätter mehr. Ich erinnerte mich nur noch an die Puppe mit dem gespaltenen Kopf, seitlich neben dem Boot. Das war lange her ... Und mein Atem ging kurz und schwer. Mir schien, daß meine Augen aufschwollen und ich sie nicht schließen konnte. Ich befühlte sie, und sie waren rund. In der Landschaft, lauter Schatten, pulsierte Erwartung wie kurz vor einer Geburt. Ich versuchte noch einmal, rein instinktmäßig, zu rudern, und das ruderlose Boot bewegte sich ein Stückchen vorwärts. Aber ich erstickte, und es war mein Ersticken, das es vorantrieb. Ich öffnete den Mund so weit ich konnte, um noch ein klein wenig Luft zu bekommen, aber die Luft war ganz dick geworden, und mein Mund riß an den Seiten ein. Und als ich gar nicht mehr atmen konnte und fühlte, daß sich mein ganzer Körper zusammenschnürte, machte ich eine letzte Anstrengung, und ich durchstieß das Boot mit den Füßen, das sich ganz in Schlamm verwandelt zu haben schien. Ich fühlte einen schrecklichen Druck auf beiden Seiten des Halses, und mein Boot löste sich auf, und ich war allein mit diesem Tod, der in meinem Innern wuchs, schnell, wie ein giftiges Unkraut. In einer Art Schwindel kippte ich nach vorn und ich fiel, flach wie die weiße Feder, mit aneinanderklebenden Beinen, aufs Wasser. Links und rechts auf der Brust waren mir stachlige Wedel hervorgewachsen und in der Mitte eine schuppige Brustflosse. Ich versuchte, mit den Armen zu schwimmen, aber ich wußte nicht einmal mehr, wo sie waren. Und dann fühlte ich, daß sich auf der ganzen Länge des Rückens eine häutige Flosse erhob und daß ein sanfter Wasserstrudel mich aufsog. Arglos begann ich zu schwimmen. Alles war kühl und leicht. Himmlisch. Ich hatte mich in einen Fisch verwandelt. Und war es viele Jahre lang.

Merçè Rodoreda

Das Huhn

Wenn ich zu lange ununterbrochen ans Gleiche denke, wird mir schlecht. Mir ist nur wohl, wenn ich allein hier oben sitze, die Beine überhängen lasse und schaue. In diesem Steinbruch hat es viel Stein gegeben. Er ist aufgebraucht. Ich sammle Speichel im Mund, soviel ich kann, und spucke von hier oben auf den letzten Haufen gebrochener Steine, den der Lastwagen nicht mehr geholt hat. Wenn die Spucke auf den Haufen fällt, hör ich sie fallen; wenn sie außerhalb landet, hör ich nichts. Manchmal kann ich ihn nicht treffen, weil der Wind weht. Von hier aus sehe ich die Hütten daliegen, auf einem Dach die Katze und, auf der rechten Seite, den Berg mit den Abfällen. Der Hund bellt schon. Immer bellt der Hund, wenn der Tag zu Ende geht, als klagte er, weil die Sonne verschwindet. Unsere Hütte ist die in der Mitte. Mein Vater erzählt immer, daß es die erste gewesen sei, die hier gebaut worden ist, und daß man all die andern dann darum herumgebaut hat. Unsere Hütte nennt der Vater die Glucke. Die Lastwagen kamen und wirbelten Staub auf im Sommer und fuhren den Matsch breit im Winter. Und der Stein gab Stein her. Das sagten alle. Der Stein, der am Berg hing, hatte drei ein wenig stumpfe Farben: grau, gelb und rötelrot. Von dort, wo der Hundelärm herkommt, nähert sich eine Wolke, die an einem Rand ganz zerrissen ist, daß sie aussieht wie aus Federn. Ich geh nicht mehr nach Hause. Hier will ich bleiben und leben, bis mich der Wind ausdörrt. Es gibt Gräser, die leben hier oben, bis sie der Wind ausdörrt. Manche reißt der Wind aus und trägt sie fort.

Kaum war meine Mutter gestorben, bekam ich gleich große Lust fortzugehen. Als sie noch lebte, sagte mein Vater manchmal abends zu mir: auf, an die frische Luft. Und ich ging hinaus, und er machte die Tür zu. Ich stand eine Weile da, und dann begann ich zwischen den Hütten herumzustreifen; es gefiel mir, wenn ich die Leute drinnen reden hörte und das Licht der Lampen in den Fenstern sah, das einem nachts so schön Gesellschaft leistete. Ich ging bis zum Abfallhaufen und suchte Tellerscherben. Und Sardinenbüchsen. Die Tellerscherben steckte ich mit der spitzen Seite in die Erde und machte mit ihnen die Friedhofwege und die Abgrenzungen. Meine Wege wurden nie besonders gerade, wie sehr ich auch achtgab. Die Sardinenbüchsen waren die Särge: ich füllte sie bis zur Hälfte mit Wasser, fing Ameisen und warf sie dann hinein. Angefangen hatte ich den Friedhof mit nur einer Büchse, und nach und nach wurde er dann größer. Mein Vater rief mich nach einer Weile mit einem sehr lauten Brüllen; das war, als ob mich ein Ochse riefe. Im Winter streifte ich gar nicht herum; es war zu kalt, alles viel zu schmutzig, und ich blieb unter der Tür. Und das war, als wäre ich drinnen: wegen der Geräusche. Wenn es regnete, ging ich in einem alten Kutschermantel nach draußen, der mir als Bett diente, und ich bedeckte mir den Kopf, manchmal sogar das Gesicht, um nichts zu hören und zu sehen. Eines Abends kam ein Mann vorbei, der mich kannte, und sagte, ohne stehenzubleiben: ein schöner Witz, Junge!

Meine Mutter hieß Matilde. Wenn sie schlechte Laune hatte, sah sie mich an und brummte vor sich hin: Ich weiß auch nicht, warum wir dich gemacht haben. Und wenn mein Vater lange ausblieb und sie das Abendessen aufwärmen mußte, sagte sie die ganze Zeit, sie wisse nicht, wozu wir auf der Welt seien ... Wir hatten ein Pärchen Kaninchen in einem niedrigen Käfig neben der Hütte, auf der Seite, wo kein Fenster war. Wegen des Gestanks. Der Draht war verrostet; zwei der Pfähle, ich meine zwei Beine, waren zerbrochen, und damit sie hielten, hatte mein Vater sie mit einem Stück Holz verstärkt, das er mit einem Band festgebunden hatte. Im Sommer kam der Kaninchengestank in die Hütte. Die Kaninchen, die wir aßen, schlachtete meine Mutter, und ich mußte ihr helfen. Sie gab ihnen mit dem Mörserstößel einen Schlag ins Genick, und wenn sie dann betäubt waren, hängte sie sie mit einer Pfote an einem riesengroßen Nagel auf, der neben dem Eingang war, und schnitt ihnen mit einem Messer die Kehle durch. Während sie ausbluteten, hielt ich die Tasse. Nun machte sie ihnen rings um die Hinterbeine einen Schnitt und zog am Fell, das sich dann linksherum kehrte, ganz naß und bunt. Wenn sie zu den Ohren kam und das Fell nicht weiter wollte, schnitt sie die Ohren dicht am Kopf ab und zog es mit einem kräftigen Ruck bis zu den Zähnen herunter. Danach hängte sie es zum Trocknen über dem Käfig auf. Die Fliegen saßen in schwarzen Trauben auf diesem von roten Adern gestreiften Weiß, wenn das Fell frisch war. Eines Tages, als meine Mutter den Kaninchen gerade Brokkoliblätter gab, entwischte eins aus dem Käfig, wie der Blitz, sagte sie. Ich fand es erst, als es dunkel wurde, neben einer Hütte, einer der letzten; die Katze hatte es getötet, und es war nur noch die Hälfte übrig. Meine Mutter tauschte das andere gegen ein gelbbraunes Huhn mit schwarzen Federn an den Flügelspitzen ein. Sein Kamm fiel ganz auf die eine Seite und verdeckte sein halbes Gesicht. Es hatte einen zerrissenen Kehllappen. Es lebte friedlich im Kaninchenstall und legte in der Legezeit jeden Tag ein Ei. Das ging ich holen, sobald das Huhn zu gackern anfing, und meine Mutter sagte, ich solle mir mit dem Ei über die Augen streichen, das erhalte die Sehkraft. Eines Tages hatte das Ei eine so dünne Schale, daß es mir zwischen den Fingern zerbrach, und das ganze Dotter und Eiweiß landete auf dem Boden. Meine Mutter betrachtete das Huhn, das im Käfig auf und ab spazierte, und sagte, es brauche Kalk. Eine Nachbarin bewahrte sonntags immer den Rückenschulp vom Tintenfisch für uns auf, der wie ein weißes Schiffchen aussah. Das Huhn pickte daran, aber dann begann es, Eier ohne Schale zu legen, und schließlich gaben wir ihm gehackte Schalen, und die fraß es und mochte es sehr. Es legte wieder Eier mit Schale, aber nun fraß es die Eier, weil es sich daran gewöhnt hatte, Schalen zu fressen. Mein Vater stand manchmal eine ganze Weile vor dem Käfig und sagte, wobei er das Huhn anschaute: es lebt von seinen Renten.

Als meine Mutter krank wurde, hörte ich sie von meinem Winkel aus atmen, als ob sie neben meinem Ohr atmen würde, und die Nachbarinnen sagten, das Fieber brenne in ihr. Und als sie starb, sagten sie, das Fieber sei stärker gewesen als sie. Nun war ich dran mit Essenkochen, die Hütte fegen und Wasser am Brunnen holen. Mein Vater hing seinen Gedanken nach und tat den Mund nicht auf. Nachts hörte ich, wie er sich von der einen Seite auf die andere wälzte. Bis er mich dann eines Tages rief und sagte: komm. Er machte mir neben sich Platz, und ich schlief auf der Seite, wo die Kuhle war, die meine Mutter gemacht hatte in all den Jahren, die sie in diesem Bett geschlafen hatte. Es fiel mir gar nicht leicht zu schlafen, aus zwei Gründen: weil ich, gewohnt, auf dem Kutschermantel zu schlafen, nicht erhöht schlafen konnte und weil ich mich vor der Kuhle fürchtete und kaum zu atmen wagte. Eines Nachts weinte ich. Mein Vater wachte erst nach einer langen Weile auf und fragte mich: Was hast du? Ich wagte ihm nicht zu sagen, daß die Kuhle vom Fieber meiner Mutter glühe und daß es sei, als ob ich auf ihr schlafen und sie so noch ganz töten würde, und er sagte: Entweder hörst du auf zu weinen, oder du gehst nach draußen. Und ich ging nach draußen und bekam keine Luft und schlief unter freiem

Himmel auf der Erde ein. Gleich am nächsten Tag nahm mein Vater das Huhn, zerschlug den Käfig mit dem Beil und hielt während des ganzen Abendessens das Huhn auf dem Schoß: es war ruhig, guckte alles an, manchmal mit beiden Augen und manchmal bloß mit einem, und mein Vater gab ihm Brotkrumen, und es fraß sie. Danach schickte mich mein Vater einen Teller Wasser holen und ließ es trinken: jedesmal, wenn es Wasser schluckte, reckte es den Hals, und mein Vater lachte. Und von diesem Abend an schlief mein Vater mit dem Huhn.

Ich pflanzte sechs Bohnen. Drei auf beiden Seiten neben der Tür. Meine Mutter hatte das jedes Jahr gemacht. An der Wand befanden sich außer dem Nagel, woran sie die Kaninchen zum Schlachten aufgehängt hatte, Querdrähte, die Bohnen sollten daran hochklettern. Die Bohnen begannen zu sprießen: sie schoben die Erde nach oben, und ein bißchen blieb auf ihnen liegen, wie Hütchen. Als ihnen das Hütchen abfiel, fraß das Huhn sie auf. Ich pflanzte wieder welche und baute mit dem Schilf vom Bach einen Zaun. Das Huhn schaute mir dabei zu. Manchmal kam es näher und manchmal blieb es in einiger Entfernung, das eine bleifarbene Bein erhoben. Die Katze, die das Kaninchen getötet hatte, war die einzige Katze bei den Hütten und halb verwildert. Niemand fütterte sie, sie sollte Ratten fangen. Nachts streifte sie umher. Tagsüber schlief sie auf den Dächern. Eines Tages bekam ich sie zu fassen und sperrte sie mit dem Huhn in der Hütte ein. Das Maunzen und Miauen der Katze und der Spektakel des Huhns waren schauderhaft. Als sie still waren, öffnete ich die Tür; die Katze kam herausgerannt, und das Huhn stürzte sich auf mich und bespritzte mich mit dem Blut, das von seinem Kamm lief.

Ich habe alles mögliche versucht, um zu sehen, ob ich es nicht aus dem Haus treiben kann, aber es hat nichts genützt. Komm, Kleine, komm, ruft mein Vater schon von weitem, wenn er von der Arbeit kommt. Es wartet auf ihn, sie gehen zusammen hinein, und er gibt ihm Kohlblätter, die er von einem Arbeitskollegen geschenkt kriegt. Gestern abend waren wir draußen an der frischen Luft. Die Bohnen sind schon gewachsen und blühen. Mein Vater setzte sich das Huhn auf die Schulter und sagte mit piepsiger Stimme dauernd zu ihm: iß Blumen, iß. Dann setzte er sich, sagte mir, ich solle das Abendessen machen, und er wolle eine Zwiebel an den Salat. Ich hatte keine Zwiebel und ging mir eine borgen, bei jener Nachbarin, die uns die Tintenfischschiffchen gegeben hatte, als das Huhn Eier ohne Schale gelegt hatte. Es war sehr dunkel, und man konnte vor lauter Hitze kaum atmen. Ich kehrte zurück und zog die Füße schleppend über den Boden, um Straßen in den Staub zu ziehen, und ab und zu blieb ich stehen und betrachtete den Himmel, weil ich allmählich alles satt hatte. Der Himmel war anders als sonst, schwer und niedrig, mit einer Sorte Sterne, die wenig leuchteten. Bevor ich bei der Hütte um die Ecke bog, hörte ich die Stimme meines Vaters, als ob er sich mit jemandem unterhalten würde. Ich blieb stehen. Ich verstand nicht, was er sagte. Ich kam ein bißchen näher und streckte den Kopf vor. Mein Vater hielt das Huhn auf dem Schoß, strich ihm mit der Hand über den Rücken und sagte leise zu ihm: Matilde, Matilde ... Das Huhn war wie ein stiller Schatten ... Mir verging die Lust, nach Hause zurückzukehren. Ich mag nur noch alleine sein, nicht denken, nur spucken.

Carme Riera

Und laß als Pfand, mein Liebling, dir das Meer

Von hier, von meinem Fenster aus, kann ich das Meer nicht sehen. Nur Wolken von unangenehmer Farbe, die sich auflösen, und die Nadelspitze der Kirche auf dem Tibidabo. Nichts Schönes. Mietshäuser, hoch und häßlich, mit welken Blumen an den Balkonen und sonnenverbrannten gelben Markisen.

Ich kann das Meer nicht sehen, weil es sich fern von hier am anderen Ende der Stadt befindet. Trüb und ölig, fast schon stinkig umkost es, wie eine Amme, Frachtschiffe, Jachten und »Schwalben«, die in einer Ecke der Mole vor Anker liegen. Dieses Meer ist unserem gar nicht ähnlich. Ein metallener Streifen, ohne Licht- und ohne Farbenspiel. Zu Kreisen geronnen, verhärtet. Doch sehne ich mich nach ihm. Sehne mich nach ihm nur, weil ich bei seinem Anblick denke, daß du auf der andern Seite bist und daß der Weg von Meer zu Meer, von Ufer zu Ufer weniger weit ist als von Stadt zu Stadt.

Ich sehne mich nach dem Meer, sehne mich nach der bläulichen Unendlichkeit, der kleinen bläulichen Unendlichkeit, die an jenem Frühlingsmittag, unterwegs zur Insel, durch das Bullauge in die Kajüte hereinzukommen schien. Verzeih mir. Ich wollte dich fragen, ob du dich daran erinnerst, nur der Freude wegen, daß du ja sagst, daß deine Augen sehr oft von diesem zauberhaften Blau des Meeres, unseres Meeres, erfüllt werden und du dich in einem Schwaden ferner, leicht entstellter Erinnerungen verlierst. Wie lange ist jene Reise her? Ich mag die Jahre nicht zählen, denn vielleicht könnte ich dir noch immer die genaue Zahl der Stunden, Minuten und Sekunden sagen, als ob es um eine Aufgabe der elementaren Mathematik ginge. Du brauchst dich nicht zu wundern, ich habe mir nämlich einen persönlichen Kalender aufgestellt, bei dem die Jahre, die Monate, die Tage im gleichen Augenblick, genau in dem Moment begannen, als das Blau vollkommen war, dein Körper aus Seide, warm und weich, und sanft das zerfließende Licht...

Wir waren jünger, weniger bewußt, von ruchloser, geradezu bösartiger Unschuld erfüllt wie ungehorsame Engel. Ich gebrauche diese Worte ungern, denn du wirst denken, daß ich Reue verspüre, daß mein Gewissen mir keine Ruhe läßt. Ich war fünfzehn – ein Lied des »Duo Dinámico«, einer Gruppe, die damals in Mode war, sprach von »Mädchen wie Blumen so zart«, und du sangst es, um mich zu ärgern –. Ich war fünfzehn, und das war, zum Teil, der Grund unsrer Trennung. Auf der andern Seite denke ich gern daran, daß ich dir im kritischsten Augenblick meiner Jugend begegnete, als ich allmählich eine Frau wurde, und daß du starken Einfluß darauf hattest, daß ich so geworden bin, wie ich jetzt bin. In jenem Schuljahr, dem fünften, vertauschte ich die farbigen Söckchen mit dünnen Strümpfen; ich trug meine ersten Schuhe mit Absätzen und ein Ausgehkleid. Es war rot, aus Samt, leicht ausgeschnitten. Ich zog es dienstags an, zum Konzert im Teatre Nou. Wir hatten Freikarten, die der Schule vom Patronat der »Freunde der Künste« geschickt wurden. Dir gefiel es nicht, wie die Musik von diesem Provinzorchester entstellt wurde, das mit Geigen, Hörnern und Trommeln sein Bestes versuchte ... ungeachtet des mißtönigen, zerrissenen Ergebnisses seines Spiels. Doch du kamst und setztest dich auf einen Platz in der Nähe unsrer Loge, hattest die Augen geschlossen, solange das Licht aus und nur die Bühne erhellt war. Nach und nach bemerkte ich ein Blinzeln, du hobst ein wenig die Lider und sahst mich aus den Augenwinkeln an. Eines Tages sagtest du — wir hatten ein Bach-Konzert gehört —, daß ich dich mit dem Blick fixiere. Du fragtest mich, was ich von dir wolle, daß ich dich so ansehe, als ob ich deine Seele suchte. Ich erwiderte dir — und ich staune über meine Aufrichtigkeit —, daß ich immer so schaue, wenn jemand meine Aufmerksamkeit erregt. Und da legtest du dann zum ersten Mal deine Hände auf meine Haare. Da erzitterte ich von Kopf bis Fuß und wurde ganz verlegen.

Wie sehr gefielen mir deine Hände! Sie sind noch immer so schön! — schlanke Finger, weiße Haut, glänzende Nägel —. Ich fühlte mich glücklich, wenn du meine Hand in deine nahmst und wir wie zwei Verliebte durch die Stadt spazierten. Du zeigtest mir viele Winkel, die du vor Zeiten, in deiner Jugendzeit entdeckt hattest, als deine Vorliebe für lange Spaziergänge in der Dämmerung, an einsamen Orten entstand. Meine Augen: deine Augen, denn ich sah die Welt, wie du sie schautest, nahmen Nuancen, Farben, Formen, Einzelheiten wahr, die dir überraschend und neu erschienen. Es freute mich so sehr, daß ich dich interessierte, daß ich mich bemühte, deine Reaktionen zu erraten und zu übertragen, indem ich sie, gewissermaßen unbewußt, als meine ausgab. Und noch heute, acht Jahre später, kann ich mich begeistern, wenn ich von hier aus, mit geschlossenen Augen, das Meeresviertel vom Carme durchlaufe, den Putxet mit seinen Steigungen, Treppen, Wasserpumpen und seinem Fischgeruch, der dir eine Gegend in Neapel in Erinnerung rief, auf der linken Seite der Mole. Die Kinder liefen nackt herum, spielten mit Hunden und Katzen, und die Frauen, unordentlich, schmutzig, unterhielten sich schreiend über den Hauseingängen. Dann kann ich auch, und nur deine Berührung fehlt mir, deinem gemächlichen Schritt durch die alten, gepflasterten Straßen mit den herrschaftlichen Fassaden folgen, unterwegs zur Kathedrale — ich gehe durch die Porta del Mar, es riecht nach Weihrauch ...

Manchmal fuhren wir nachmittags aufs Land hinaus, das Wasser sprang in den Bewässerungsgräben, und die Mandelbäume begannen zwischen ihren Zweigen einen Schneehimmel herzurichten. Zusammen mit dir lernte ich zwei verlassene Dörfer kennen — Fosclluc, von wo Angst ausging, und Biniparraix, das ein Unwetter zerstört hatte —, die wir nach ziemlich langem Weg fanden, immer den Berg hinauf, durch kleine Eichen- und Pinienwälder und Strauchgestrüpp und Rosmarin ... Wir sprachen gewöhnlich nicht während unserer Ausflüge. Dein Arm hielt meinen Rücken umschlungen. Ab und zu lehnte ich meinen Kopf an deine Schulter, und du küßtest mich wie niemand je zuvor.

So entdeckte ich die Welt auf die gleiche Weise, wie die Liebe mich entdeckte, um mich ihr eigen zu machen. Es war weder in Büchern noch in Filmen, wo ich die Geschichte unserer Geschichte leben lernte. Ich lernte leben, ich lernte sterben, nach und nach — doch das wußte ich damals noch nicht —, als ich dich umarmt hielt und mich weigerte, die Zeit vergehen zu lassen. Ich wollte für immer und ewig bei dir bleiben, die Berührung deiner Lippen spüren, deiner Haut. Und aus deinen Armen heraus war die Welt schön und traurig wie wir beide, besaß eine unbeschreibliche Farbe, zwischen Blau und Lila, phosphoreszierend zuweilen unter einer Schminke aus Neonlichtern.

Dicht und träg stirbt in den Straßen der Nebel dahin, verschwindet in den Kanaldeckeln, löst sich zwischen den parkenden Autos auf. Die Trostlosigkeit dieser Stunden, erstarrt an den Schläfen, erstarrt in den eisstarren Tränen, führt mich zu dir zurück, begierig vor allem nach jener mit Küssen vermischten Helle, die wir liebten. Wir liebten so vieles, so vieles!

Die feuchte Erde nach dem Regen, den üppigen Mohn im Kornfeld, die Caféterrassen im Sonnenlicht, die Kinder, die Schwalben, die einsamen Strände, die Nächte unserer imaginären Begegnungen, und vor allen Dingen die Liebe, die Liebe, über die wir zu jener Zeit nie sprachen.

Unsere Beziehung dauerte genau acht Monate und sechs Tage. Sie wurde abgebrochen wegen des öffentlichen Skandals und wegen deiner Angst, einer Situation doppelter Verantwortung Stirn bieten zu müssen. Du hattest weder genug Kraft noch genug Vertrauen in mich; es quälte dich die Idee, ich könnte dir eines Tages diese Liebe, die wir Freundschaft nannten, zum Vorwurf machen. Man drohte dir im Namen der Moral und der guten Sitten, sprach dir von verdorbenem Lebenswandel, Verführung Minderjähriger, du bekamst anonyme Briefe voll von krankhaften Beleidigungen ... Ich mußte mir Gekicher und halblaute Bemerkungen gefallen lassen; mehr als einmal wechselten meine Klassenkameradinnen das Gesprächsthema, wenn ich mich näherte, doch außer meinem Vater wagte es niemand, den Tatsachen ins Auge zu sehen und offen mit mir zu reden. Noch immer ist mir die Grimasse seines verzerrten Gesichts gegenwärtig, der bittere Ton in seiner Stimme, aber seine Worte habe ich vergessen, nur zwei Sätze habe ich behalten, die mich — wie die hartnäckige Wiederkehr einer Reklame, die sich im Kopf festsetzt, daß man sie in Gedanken unwillkürlich wiederholt — sehr oft begleitet haben: »Das ist der Weg der Verderbnis. Ich werde dich nach Barcelona schicken, wenn das noch einen Tag länger dauert.« Jetzt kann ich es dir ja sagen. Damals hätte ich dir sehr weh getan, und ich wollte um jeden Preis verhindern, daß du leidest. Ich log dich an. Zu mir hatte niemand etwas gesagt. Alle betrugen sich wie gewöhnlich. Und den Sommer ließ mich mein Vater außerhalb von Mallorca erleben als Belohnung für die guten Noten, die ich in den Juni-Examen bekommen hatte.

Es waren bittere Tage, zutiefst betrübt von sinnlosen Wutanfällen und schmierig vom Schleim der Nacktschnecken. Ich fühlte mich leer, unecht, fremd, ich kannte mich selbst fast nicht. Ich begann die Leute, die Stadt zu hassen und diesen jungen Sommer, der erst begann. Und all die Liebe, dieses unendliche Liebesvermögen nährte sich nur von dir und kehrte, ohne einen Tropfen zu verschütten, zu dir zurück. Am letzten Nachmittag, wir waren an der Uferpromenade, du hattest den

Wagen vor dem Hafen geparkt. Ich fing an zu weinen – es gab so viele Gründe! – und suchte Zuflucht in deinen Armen, die mich zurückstießen. Der Tanz von tausend kleinen Lichtern, die sich in der Bucht spiegelten, kitzelte mich in den Augen. Zwischen den Tränen erblickte ich Teile von Booten und Fragmente von Meer. Deine Nerven waren überreizt; die gleiche Spannung, die dich aufrieb, legte einen tragischen Zug in dein Gesicht. Du mochtest mich nicht anschaun. Schließlich drehtest du mir den Kopf zu, und mit einer Gebärde tiefen Elends streicheltest du mit der Hand über meine Haare, wie beim ersten Mal. Ich schloß die Augen und sagte, daß ich dich liebe. Du hießest mich schweigen; wie bei einem Automaten kamen dir die Worte aus dem Mund: »Das darf nicht weiterdauern. Wir müssen einen Schlußstrich unter unsere Beziehung setzen, sie ist sinnlos.«

Auf einmal trug mich eine Wolke von Meeresgeruch mitten auf die Wellen hinaus. Das Wasser schlug gegen die Scheibe des Bullauges. Es spiegelte die Himmelsstille, tiefes Blau traf meinen Blick, und ich wußte nicht recht, war es das Blau des Meeres oder das Blau deiner Augen. Wir lagen in der Koje. In der Kajüte, die für acht Personen war, waren nur noch wir. Sprühende Wogen, Möwenflügel, Wasserfurchen von Delphinen schauten herein durch die runde Scheibe des Vollmondes, eines Mittagsmondes jedoch, unseres Bullauges. Langsam begannst du dich zu entkleiden, zogst dich nach und nach aus, ohne mich anzuschaun und mit Bewegungen, die natürlich sein wollten, aber, wie ich jetzt errate, von kränklicher Naivität erfüllt waren. Du bedecktest deinen Körper mit einem Laken: vielleicht hattest du Angst vor meiner Angst, ihn nackt zu sehen, vielleicht hattest du mich, erschrocken vor dem Anblick, der sich mir hier zum ersten Mal bot, davonlaufen sehen. Ich versichere dir, daß ich nicht in Angst geriet. Mir pochten heftig die Schläfen, und in meinem Innern hob ich die Schleier hoch vom schönsten Jugendtraum. Dein Körper war mir immer wunderbar erschienen; in diesen Augenblicken verspürte ich Neugier und den Wunsch, mich an ihm sattzusehn, solange ich wollte. Darum deckte ich ihn auf. Und er wurde sichtbar – ich fühlte mich als sein Schöpfer, denn meine Augen waren es, die ihn so sahen – in statuenhafter Vollkommenheit. Meine Finger – wie einem Ritus folgend, der gleitende Tanz meiner Finger auf deiner Haut – zeichnete noch einmal deine Lippen und jede einzelne Form deines Körpers. Da batest du mich, mit der Berührung mehr als mit der Stimme, um die Erlaubnis, mich auszuziehen. Du selbst wolltest es tun, beharrtest du, um die Momente langsam auszukosten, die uns von jenem Augenblick trennten, da ich dann endlich nackt vor dir wäre, und zogst, wie um sie zu verewigen, die Minuten absichtlich in die Länge, obwohl dein Verlangen groß war. Jede Sekunde, die verging — auf der Uhr unsrer Adern war es Mittagsfülle, und es zitterte mein von deinen Händen liebkoster Körper —, brachte uns mit heftigem Locken einem geheimnisvollen, unbeschreiblichen Ort näher. Ein Ort außerhalb der Zeit, des Raums (ein Mittag, ein Schiff), wie für uns gemacht, wo wir unrettbar fallen würden. Unrettbar, da wir uns nur so retten konnten, denn dort unten, im Reich des Absoluten, des Unsagbaren erwartete uns die Schönheit, die mit deinem-meinem Bild verschmolz, wenn ich mich im Spiegel deines Fleisches betrachtete. Und im sicheren Schutz, im geheimsten Winkel deines Körpers, dort begann das Abenteuer, nicht der Sinne, des Geistes vielmehr, das mich den letzten Pulsschlag deines Seins kennenlernen ließe, nun schon für immer und ewig dem Geheimnis der Liebe und des Todes zugewandt ... Hin und her ging ich von der kleinen Kajüte zu deinem Wagen. Von der gegenwärtigen Vergangenheit zur augenblicklichen Gegenwart. Deine Zärtlichkeit war herb damals, als du beschlossest, daß wir uns während jenes Sommers nicht mehr sehen dürften, da du von niemandem beschuldigt werden wolltest, mein Leben für immer zu zeichnen. Du setztest das Auto in Gang. Ich bat dich, wir möchten noch nicht fortfahren, ich hatte das Bedürfnis, dir mit all meiner Kraft zu versprechen, dich nie zu vergessen. Dein trauriges Gesicht zeigte eine distanzierte Miene, als du mir verbotest, dir zu schreiben, und mich um das genaue Gegenteil dessen batest, was ich dir geben wollte: Vergessen.

Ich verbrachte den Sommer an einem beliebten Strand bei meinem Onkel und meiner Tante. Das Ferienleben — baden, an der Sonne liegen, Aperitif trinken, Mittag essen, einen Spaziergang machen, ins Kino oder tanzen gehen — langweilte mich. Mein Verhalten war recht eigenartig: ich konnte mich bloß für das begeistern, was noch nicht begonnen hatte.

Ich vergaß dich nicht. Jede Nacht schrieb ich dir und bewahrte die Briefe sorgsam in einer gut verschlossenen Schublade auf, wobei ich mir vorstellte, du würdest sie eines Tages lesen, einen um den andern. Ich weiß, es waren zwei Unzen Glück, wenn ich dachte, daß meine Briefe ein ziemlich dickes Bündel ausmachten, an dem du viele Stunden lang zu lesen hättest, Stunden, in denen du unweigerlich zu mir zurückkehrtest. Ich war eifersüchtig auf alles, was du machtest und wovon ich nicht wußte. Auf deine Gänge durch die Stadt, auf die Menschen um dich herum, auf deine Arbeit. In jenem Sommer hattest du dir vorgenommen, deine seit langem begonnene, nahezu fertige Doktorarbeit zu beenden. Du hattest mich gebeten, dir beim Aufstellen der Register zu helfen, die Berge von Karteikarten — der Ertrag von fünf Jahren Arbeit — zu ordnen und in die richtige Reihenfolge zu bringen, so daß ich den ganzen Tag mit dir zusammensein könnte ... Wo warst du mit dem ganzen Papierkram? Gab es jemanden, der mich ersetzte, um dir zu helfen? Das nicht zu wissen, nicht sicher zu sein, das machte mich ganz traurig. Wenn ich wenigstens etwas von dir gehört hätte! Du wolltest meine Adresse nicht. Du zerrissest den Zettel, worauf ich sie dir aufgeschrieben hatte, und hieltest dir die Ohren zu, als ich sie dir auf dem Nachhauseweg wiederholte.

DU: Wir lassen besser die Zeit das Ihre tun.
ICH: Das heißt also, du glaubst, daß die Zeit alles auslöschen wird?
DU: Sie kann es auslöschen, wenn wir dabei mithelfen.

Ich half nicht mit. Der Sommer verging, das tröstete mich. Ich wünschte mir sehnlichst den Herbst herbei, die Zeit, da ich wieder nach Hause käme. Ich wußte nicht, ob mein Vater beschließen würde, mich von der Schule zu nehmen, um nicht nur zu verhindern, daß ich dich sah, sondern auch, daß du mich unterrichtetest. Die Immatrikulationsfrist ging Anfang September zu Ende, und ich traute mich in den Briefen an meine Eltern nicht, sie zu fragen, was sie mit meiner »akademischen Zukunft« vorhatten. Ich hatte großes Glück. Sie dachten, drei Monate der Trennung und der Umgang mit jungen Burschen hätten meine Gefühle zum Schweigen gebracht, und so schrieben sie mich wieder in der gleichen Schule ein.

Eine Woche vor Unterrichtsbeginn kehrte ich ziemlich entspannt in die Stadt zurück. Ich hoffte, dir zu begegnen. Ich wagte jedoch nicht, bei dir zu Hause anzurufen oder gar zu dir zu gehn. Ich begnügte mich damit, durch die Straßen zu spazieren, unter deinem Balkon vorbei, in der Hoffnung, dich wiederzusehen. Ich besuchte die Plätze, wo wir beide gewesen waren, und hatte oft den Eindruck, deine Schritte zu hören. Aber du zeigtest dich nicht. Und ich lief einen nach dem andern all unsre Winkel ab; ich suchte mehr als nur die Fährte deiner Füße, den Hauch deines Dufts oder die Spur deines Blicks auf den Mauern, den Fassaden, den Steinen, dem Asphalt, auf den Oliven- und den Mandelbäumen, dem Feld und den Blumen, dem Meeres- und dem Regenwasser ... Ich suchte etwas Unbestimmbareres. Mir schien, nichts würde mehr das gleiche sein, was es gewesen, nachdem du es angeschaut hattest. Denn alles, selbst die unbedeutendsten Dinge, würde für immer das Zeichen deines Mals tragen.

Ich sah dich erst bei der Eröffnung des neuen Schuljahres. Du warst zusammen mit den Behörden und mit den andern Lehrern auf dem Podium. Ich schaute dich, von der letzten Sitzreihe in der Aula aus, an; ich glaube, du hast nicht gemerkt, daß ich da war, obwohl ich mich anstrengte, mit dir in Verbindung zu treten. Als das »Theater« vorbei war — die salbungsvolle Stimme des Direktors erklärte das Schuljahr 64/65 »*en nombre del Jefe del Estado*« für eröffnet —, dachte ich, nun könnte ich dich endlich aus der Nähe betrachten. Du gingst schnell mit den andern Lehrern hinaus und zum Aperitif, den euch die Direktion wie in jedem Jahr offerierte. Wir begegneten uns nicht. Um zwei Uhr warst du noch immer nicht herausgekommen. Mir blieb nichts anderes übrig, als nach Hause zu gehn.

Die Blätter der Platanen waren fast gelb auf dem Boulevard, Stil neunzehntes Jahrhundert, ein Windstoß trug die ersten fort, und zurück blieb ein lächerlicher kahler Ast. Als er des Spiels mit ihnen überdrüssig war, ließ er sie gerade vor meinen Füßen liegen. Ich trat auf sie, und sie zerknisterten unter meinem Gewicht. Der Herbst begann, und in diesen Augenblicken wurde ich dessen gewahr. Die Rambla erschien mir länger und unwirtlicher denn je. Wie gefangen fühlte ich mich in ihr. Die dicken Mauern — denn es sind Mauern und keine Wände — des St. Magdalenenklosters, der Theresianerinnen und der Kapuzinernonnen stürzten auf mich herab. Im nächsten Augenblick, dachte ich, wird sie der Wind wegreißen, wie die Blätter ... Ohne zu schauen, ging ich über die Straße. Ein Wagen bremste haarscharf vor mir: es war dein Wagen. Ganz erschrocken stiegst du aus und sagtest:

»Ich hätte dich totfahren können!«

So heftig, mit solchem Ungestüm umarmte ich dich, daß du hinfielst. Du fordertest mich nicht zum Einsteigen auf; ich selbst machte die Tür deines Wagens auf und kletterte vor den erstaunten Augen der Leute hinein. Nun sah ich dich wieder. Dein Gesicht kam mir müder, trauriger, älter vor. Ich sah dich sehr genau an; du schienst abwesend. Du fragtest mich, wohin ich wollte:

»Soll ich dich nach Hause bringen?«

Ich gab keine Antwort. Du fuhrst die Avinguda dels Reis hinauf, als ich zu dir sagte:

»Ich will ganz lang mit dir zusammensein. Ich habe mich so nach dir gesehnt!«

Du parktest das Auto vor einem Möbelgeschäft. Es war Essenszeit. Die Stadt war fast wie ausgestorben. Ich brauchte deine Berührung, deine Augen, deine Hände, deine Lippen. Du wußtest es und batest mich mit sanfter, aber fester Stimme, ich möchte deine Lage doch verstehen und mich zusammennehmen:

»Die Zeit ist vergangen, und alles ist jetzt viel klarer. Unsere Beziehung hat keinen Sinn, sie darf nicht andauern. Ich will weder dir noch mir weh tun. Wir könnten mit dieser Liebe ja gar nichts anfangen, die nirgends hinführt, kein Ziel hat ...«

Ich widersprach dir nicht, obwohl ich mit deinen Argumenten nicht einverstanden war; ich wußte nämlich mit aller Sicherheit, daß das einzige Ziel unserer Liebe ganz einfach Liebe war.

Von jenem Tag an sahen wir uns von Zeit zu Zeit. Wir verhielten uns peinlich korrekt. Im Unterricht behandeltest du mich sogar noch strenger als meine Klassenkameradinnen. Eines Tages tadeltest du mich gar vor allen andern, weil ich dir anstelle der Prüfungsaufgaben ein Blatt voller Zeichnungen — Schiffe, Blümchen, Sonnen — abgegeben hatte. Du tadeltest mich, weil du sehr gut verstanden hattest, was ich dir sagen wollte, und es dir gefallen hatte. Deine Strenge war die Maske über einer Schwäche, die zu zerbrechen drohte. Ich wandte mich fortwährend an dich, bat dich, du möchtest die Erklärungen wiederholen, weil ich dich nicht verstand, ich warf Probleme auf, unterbrach deine Stunde, um freche Bemerkungen zu machen ... und schlug immer einen derart agressiven Ton an, daß ich dich verwirrte. Ich wollte dich meine Gegenwart spüren lassen. Ich rächte mich für alles, was du mir an Leid zufügtest.

Als ich gegen Ende des Schuljahres anfing, mit jenem Medizinstudenten auszugehen, der, von der Polizei verfolgt, aus dem Baskenland in der Stadt eintraf, ärgertest du dich. Du spioniertest uns sogar nach. An vielen Nachmittagen begegneten wir dir, zufällig, nach der Schule, unterwegs zur Uferpromenade. Du tatest, als ob du uns nicht sehen würdest, doch ich weiß, daß du in den Rückspiegel schautest, bis du uns aus den Augen verlorst. Die Eifersucht bemächtigte sich deiner und erfüllte dich ganz.

Als wir uns eines Tages, nach einigen Monaten der Distanzierung, außerhalb der Schule trafen, versuchtest du, liebenswürdig zu sein. Du fragtest mich, als ob es dich nicht berührte, wie es mir so gehe, erkundigtest dich nach Jaume, nach dem, was wir vorhatten, nach unseren — du betontest den Plural — Plänen. Meinem Blick wichest du aus. Deine Augen richteten sich auf das Coca-Cola-Glas, das vor dir stand, auf die Holzrillen der Tischplatte, auf die Matte am Boden. Du wußtest nicht, wo du deine Hände lassen solltest. Ich sagte deinen Namen. Du weißt ja nicht, wie oft ich ihn mit unendlicher Wonne immer wieder ausgesprochen habe, mit dem selben Vergnügen wie beim ersten Mal, nachdem du mich gebeten hattest, den fünf Buchstaben, aus denen er besteht, keine Anrede voranzustellen und dich zu duzen. Du erschrakst.

»Was willst du?«

«Nichts.«

»Hast du mich gerufen?«

»Du warst einfach nicht da. Willst du mir nicht sagen, was du hast?«

»Die letzten Tage des Schuljahres sind so anstrengend. Ich werde müde. Ich sehe nicht klar, und du machst mir Sorgen. Ich war einfach zu schwach, daß ich dich zu diesem Abenteuer verleitet habe, das du wohl bereust. Jetzt sieht dein Leben ja anders aus ... Und ich freu' mich darüber. Jaume ist zudem ein feiner Kerl ...«

»Du sprichst, als ob du meine Mutter wärst.«

»Ich kann dir versichern, daß ich es gern gewesen wäre.«

Zum Studium kam ich nach Barcelona. Wir schrieben uns. Deine Briefe waren wunderschön, nicht ganz aufrichtig, absichtlich optimistisch, und oft konnte ich Ratschläge und Ermahnungen in ihnen lesen. Meine Briefe erzählten dir von allem, was ich nach und nach entdeckte: die Stadt und die Menschen. Sie waren traurig, doch meine Traurigkeit, die mit den Ocker- und Grautönen der Wolken und der Mauern vermischt war, verflog zwischen den Linien der Handschrift, bis sie sich aufgelöst hatte. Vielleicht waren deshalb die Melancholie, das Bedauern und die Sehnsucht nicht so recht zu spüren, sobald der Umschlag geschlossen und die Marke aufgeklebt waren. Einmal hatte ich dir in winziger Schrift ein Wort der Liebe unter die Marke geschrieben, als Überraschung für dich, falls du — dem Ruf einer leisen, aber undeutlichen Stimme folgend, die dir den Ort des Geheimnisses zeigen würde — dich entschlössest, die Briefmarke abzureißen. Ich weiß nicht, ob Aladins Geist, Goldsterns Fee oder der kluge Ali Baba dich gebührend unterrichteten ... Du hast es mir jedenfalls nie bestätigt.

Eines Nachts schrieb ich dir einen langen, langen Brief, eine Mischung aus vertraulicher Mitteilung und Beichte, in dem meine Jugend endgültig zusammenbrach. Als ich anfing, ihn aufzusetzen, wollte ich ihn nicht an dich schreiben. Ich versuchte, einen neuen Empfänger zu erfinden, mit dem mich nichts verbände, doch es war mir unmöglich, soviel Phantasie aufzubringen. Und da ich beharrlich deinen Namen und deine Anschrift zu vergessen suchte, schrieb ich dem Meer, in der geheimen Absicht, die Wellen möchten dir an deine Haustür Nachricht von mir bringen ... Natürlich war ich die ganze Nacht mit dir zusammen. Manchmal schrieb die Feder auf dem Papier so zaudernd langsam, so behutsam — es war, als ob ich dich still streichelte. Manchmal, fast ohne Abstand zwischen den Wörtern, in schrecklicher Handschrift. Ich erklärte dir, warum ich gerade in jener Nacht nicht schlafen wollte und aufblieb, um zu schreiben. Ich habe den Brief nicht mehr. In tausend Stücken, winzigkleinen Stücken, trug ihn der Wind von meinem Fenster fort, als im letzten Blinken der Laternen der Morgen durch die Jalousien blinzelte. Wenn ich ihn noch hätte, würde ich gern ein bißchen darin lesen und ein Stück für dich abschreiben, jetzt, nach all den Jahren. Ich erinnere mich an die Nacht, mild und sternklar. In einer benachbarten Villa wurde ein Fest gefeiert. Das Echo der Orchestermusik drang gedämpft, aber vernehmbar bis zu mir. Der Garten war voll von Lichtern zwischen den Zweigen der Bäume. Auf der Tanzfläche zeichneten sich die Silhouetten der tanzenden Paare ab ... Vom Hafen weht feuchte Luft in die Via Laietana. Wenn man sich anstrengt, kann man auch den Geruch des Meeres riechen. In der Laietana, im Keller, in der Zelle, saß einer meiner Kameraden gefangen. Sie hatten ihn am Vormittag verhaftet, als wir an einer Demonstration teilnahmen. Ich befand mich neben ihm, und mich ließen sie laufen, ganz ruhig, sie wollten nicht einmal meinen Personalausweis sehen. Er saß im Kittchen, und ich war frei! Ich kam mir vor als Stein im Spiel, verantwortlich für die verlorenen Rosen und die abgestürzten Vögel, schuldig. Und unter Angst und Bangen erprobte ich auf dem Papier die Hoffnung. Ich weigerte mich zu schlafen. Obwohl mir vor Müdigkeit die Augen zufallen wollten, hinderte mich mein Wille daran. Ich blieb die ganze Nacht lang wach. Ich wollte von draußen her Miquels öde Stunden im Gefängnis teilen, ihm, ohne daß er es wußte, meinen Schlaf und einen armseligen Hauch von Zärtlichkeit, die mit der Musik und der Erinnerung an dich verschmolz, darbringen. Synästhesie, so wird das in den Handbüchern der literarischen Rhetorik genannt: die Zärtlichkeit waren die Musiknoten, Musik meine Gefühle, und wie immer wurde alles von der Erinnerung an dich überflutet.

Die Jahre vergingen. Der Mai kam fast gleich nach dem Oktober. Anfang und Ende des Studienjahres folgten ohne viel Zwischenzeit aufeinander. Ich merkte es gar nicht, und schon war Zeit für die Prüfungen. Nicht die geringste Ahnung — ich wußte nichts. Den ganzen Winter hatte ich nicht am Unterricht teilgenommen. Vormittags, um viertel nach elf, ging ich zur Universität hinunter, um im Garten zu spazieren oder auf einer Bank im Hof zu sitzen. Gewöhnlich traf ich mich mit einer Grupe von Mallorkinern, welche sonntag abends bukolische Zusammenkünfte veranstalteten und Brot mit Sobrassada, Würstchen und manchmal Ensaimada aßen ... Sie war ziemlich armselig, ihre Welt, und sie langweilte mich, doch tröstete es mich, daß sehr oft einer — du hattest vielen von ihnen Unterricht gegeben — deinen Namen nannte.

Fünf Jahre lang, höchst uninteressante Vorlesungen, nicht einmal passiv, neutral. Vorträge an der Universität, im Athenäum, in den Studentenheimen ... Kolloquien über Sexualität, Verhütungsmittel, politische Parteien, das Referendum ... (Ein angesehener Professor analysierte — aufgeblasen, arrogant, eitel, importiert seine »Gewänder« aus London — die Lage der Hochschulen; seine Frau sitzt in der ersten Reihe und macht Notizen: sie kann ihrem Mann ja nur mit solcher Mühe folgen! Ein spanischer Forscher, weder im Ausland bekannt noch exportfähig, bestreitet mit haltlosen Argumenten die »Relativitätstheorie«. Ein Ehepaar legt bei einem Podiumsgespräch offen ein lebendiges Zeugnis seiner Liebe ab ... die fünf Kinder, dumm und unerzogen, zappeln und lärmen zwischen den Zuhörern herum. Und wie diese, Tausende.)

Ausstellungen. Festivals der Nova Cançó. (Raimon, die Hemdsärmel hochgekrempelt, an einem herrlichen Morgen im Chemischen Institut von Sarrià — das Sarrià von Foix und von Gertrudis —. Auftritte der Setze Jutges: damals noch katholische Guillermines, und so sentimental; gläubige, kindliche Serrats ...) Bücher, deren Lektüre andere empfohlen hatten: Freud, Marx, Joyce, Faulkner, später Vargas, Cortázar, García Márquez, Donoso, Lezama ... Filme, zu denen ich deine Meinung nicht kannte. Sonnenuntergänge auf dem Montjuïc, in Sitges, Cadaqués, in Blanes ... Ausflüge auf den Montseny, an die Küste. Experimentelles Theater. Lyrikrezitate. Von den CCOO und der PSUC organisierte Versammlungen. Küsse von anderen Lippen, Berührungen anderer Hände ... Und das Leben rückte allmählich sehr rasch vorwärts, die Tage waren ein langes Schaudern. Ich versuchte, die Erinnerung an dich zu stutzen — neue Zweige wollte ich für einen neuen Frühling —, und es gelang mir nicht. Ich weigerte mich jedoch entschieden, sie an der Wurzel abzuhacken.

In den Ferien trafen wir nicht immer zusammen. Du machtest viele Reisen in jenen Sommern. Nahmst teil an einigen internationalen Mathematikkongressen in Moskau, Paris, Tokio, von wo du mir Postkarten schicktest: der Rote Platz, der Eiffelturm, der Kaiserpalast ... Der Text war so kurz, daß die Buchstaben über die weiße Fläche tanzten: »Herzliche Grüße aus Moskau, Paris, Tokio ...« In der letzteren Stadt lerntest du einen jüdischen Gelehrten kenne, den man für den Nobelpreis vorgeschlagen hatte, verwandt mit Ben Gurion und steinreich anscheinend, und der dir unsittliche Anträge machte ... Eines schönen Tages kreuzte er in der Stadt auf und wollte dich mitnehmen, damit du ihn bei den Forschungsarbeiten seines Lehrstuhls in den Vereinigten Staaten unterstütztest. Er bot dir Geld an, soviel du wolltest, und zudem seine selbstlose Protektion ... In der Stadt sprach man von nichts anderem, denn der Gelehrte gestand seine Pläne den Journalisten. Die Leute kritisierten, es sei sehr dumm von dir, dir eine so gute Gelegenheit entgehen zu lassen. Und ich fragte mich, warum du nicht mitgingst. Vielleicht frage ich mich deshalb, weil ich, ohne mich zu täuschen, die Gründe zu erraten glaube.

Einige Monate nach dem Abschluß meines Diploms in exakten Wissenschaften besuchte ich dich, um dich zur Hochzeit einzuladen. Ich heiratete einen Studienkollegen, einen Katalanen, mit dem ich schon seit Monaten ging. Toni und ich kündigten dir unsere Hochzeit mit einem Besuch nach alter Sitte an, einem Anstandsbesuch. Toni kannte unsere Geschichte, ich hatte sie ihm haarklein erzählt, ohne den winzigsten Umstand auszulassen. Er fand die Geschichte schön und morbid. Du gefielst ihm, er fand dich intelligent, liebenswürdig, obschon er in deiner Erscheinung etwas Seltsames, Beunruhigendes, geheimnisvoll Gefährliches erblickte.

Am Tag der Hochzeit sagtest du zu mir, daß Toni deine ganze Sympathie besitze und du mir wünschtest, ich möge mit ihm unendlich glücklich werden, so glücklich, wie du mich hättest machen wollen. Du sagtest das mit einem Zittern auf den Lippen, als ob ein kalter Schauer über deinen Rücken liefe. Ich umarmte dich, um dir zu danken, und sagte — hörtest du mich? — daß ich dich noch immer liebe. Jemand sah, wie du dein Gesicht mit den Händen bedecktest, jemand bemerkte, daß du weintest, als du am Abend vom Hotel, wo wir gegessen hatten, zu dir nach Hause gingst.

Ich weiß nicht, ob du in die Lage kommen wirst, diesen Brief zu lesen, ebensowenig, ob du ihn verstehen wirst, falls Toni ihn dir schickt, wie ich ihn gebeten habe. Vor Monaten, damals, als du auf ein paar Tage nach Barcelona kamst, teilte ich dir mit, daß ich ein Kind bekomme. Die Frist geht ihrem Ende entgegen. Der Arzt sagt, daß es in zehn Tagen sehr wahrscheinlich schon geboren sein wird. Ich habe Angst, es ängstigt mich. Ich fühle mich zu schwach, und die Kräfte versagen mir. Ich denke, daß ich das Mädchen gar nicht kennenlernen werde, denn ein Mädchen wird es, da bin ich sicher, und daß ich seinen Namen nicht bestimmen kann, wenn ich es jetzt nicht tue. Ich will, daß es deinen Namen erhält, Maria, und ich will auch, daß man meinen Körper ins Meer versenkt und nicht begräbt. Ich bitte dich, daß meine sterblichen Überreste an jener geschützten Stelle, wo das Wasser unsere Liebe belauschte, in die Tiefe der unbegrenzten Unendlichkeit versenkt werden. Ich sehne mich nach dir, nach dem Meer, unserem Meer. Und laß es dir als Pfand, mein Liebling.

Joan Perucho

Graf Dracula und Bram Stoker in Luhaschowitz

Das Bad von Luhaschowitz (Mähren) liegt eine Viertelstunde vom Städtchen gleichen Namens entfernt und anderthalb Stunden mit dem Fuhrwerk vom Bahnhof von Ungarisch-Brod, in einem finstern Tal der Karpaten, wo des Abends der Wind heult. In diesem Bad lernte der Schriftsteller Bram Stoker Graf Dracula kennen, der sein Schloß dort in der Nähe hatte und für den es sehr leicht und bequem war, auf seiner Suche nach der ersehnten Heilung von einer Magen-Darm-Krankheit, an der er litt, die Quellen von Luhaschowitz zu besuchen. Bram Stoker, der zu jener Zeit fast unbekannt war — sein letzter Roman, *The white worm*, hatte nämlich sowohl bei der Kritik als auch bei den Lesern nur spärlichen Erfolg gehabt —, suchte in diesen schroffen Gegenden Anregung, denn er hatte vor, ein Werk in der Art einer Sittenschilderung zu schreiben, voller Legenden und Volkslieder, und war gleichzeitig bestrebt, wohltuenden Einfluß auf eine Harnsäurediathese zu erlangen, welche ihm die Ärzte prognostiziert hatten.

Zu den Besonderheiten der Landschaft von Luhaschowitz gehörte, auf Grund eigenartiger klimatologischer Verhältnisse, welche für einen ständig bewölkten Himmel sorgten, daß Nacht und Dämmerung sehr viel länger waren als der Tag, was die ärmlichen Bewohner der Umgegend — nahezu alles analphabetische Bauern — zwang, auf Straßen und Öden stets mit Laternen, Fackeln und Kerzen einherzugehen, während sie Gebete und Psalmsprüche gegen bösen Zauber murmelten. Diese letztere Gewohnheit enthüllte den Grad von Unkultur, in welchen jene Unglücklichen, Abkömmlinge einer offensichtlich degenerierten Rasse, gesunken waren; Stoker jedoch machte sich diesen Umstand zunutze, indem er die Zaubersprüche aufschrieb und die Leute die Psalmen singen ließ, welche er auf einer kleinen Geige begleitete. Wenn sie fertig waren, gab er ihnen ein paar Münzen und lud sie zu einigen Gläsern alkalichloridhaltigen Wassers ein, denn das schätzten sie auf Grund seiner vermuteten antivampirischen Eigenschaften sehr. Wenn sie das sagten, pflegten sie sich zu bekreuzigen.

Das Kurgebäude war, wenngleich ungepflegt und düster, weiträumig und luxuriös, mit endlosen, stillen Gängen, zumal mehr als die Hälfte der Zimmer leer stand. Die Dienstboten, bestehend aus Nachkommen jener oben erwähnten degenerierten Rasse, kamen ihren Obliegenheiten in einen trägen Halbschlaf versunken nach, aus dem sie nur erwachten angesichts der erahnten Möglichkeit, ein Glas alkalichloridhaltiges Wasser zu stehlen, das sie gierig hinunterstürzten. Solches geschah hin und wieder, und dann wurden sie streng bestraft und in den unbewohnten Flügel des Kurhauses eingesperrt, wovor sie entsetzliche Angst hatten. Ihr Schreien und Wehklagen war in der Nacht zu hören und drang bis in den Speisesaal, wo Stoker und der Graf nach dem Abendessen (der Graf aß nie zu Abend) *Mah-Jongg* zu spielen pflegten und über den aristokratischen Ursprung dieses chinesischen Spiels, von dem sie sich begeistern ließen, und über die Bestimmung der roten Drachen mit ihrem hohen politischen Symbolgehalt diskutierten. Stoker merkte gleich, wie vergeblich die Bemühungen des bleichen Herrn Karel, des Kurhauspianisten, waren, mit lauterem Spiel die unpassenden schrillen Schreie zu übertönen, welche, wie gesagt, durch Türen und Vorhänge drangen.

Da Bram Stoker, bevor er Romanschriftsteller geworden war, in Dublin als Zahnarzt gearbeitet hatte (ein Umstand, mit dem alle Liebhaber das phantastischen Romans vertraut sind), gewahrte er unschwer, daß, wie bei gewissen Nagetieren, Graf Draculas Eckzähne übermäßig wuchsen und ihre Spitzen bereits unter den Lippen hervorkamen, was, wenn es so weiterging, sein Gesicht entschieden verunstalten würde. Mit größtem Feingefühl und darauf bedacht, ihn weder zu verletzen noch zu demütigen, wies Stoker ihn darauf hin, und indem er ihm seinen früheren Beruf als Odontologe entdeckte, bot er sich an, diesen Fehler zu korrigieren, da er die nötigen Instrumente immer bei sich hatte. Graf Dracula nahm das Angebot an, und nachdem sie in Stokers Zimmer gewechselt hatten, kürzte ihm dieser die Eckzähne auf die normale Länge, indem er sie mittels einer zusammenlegbaren Schleifmaschine mit Fußantrieb abfeilte. Graf Dracula war dafür sehr dankbar und umarmte den Romancier für den Gefallen, den er ihm erwiesen. Etwas jedoch beunruhigte Stoker. Später, im Bett, dachte er lange darüber nach, und der Schweiß brach ihm aus. Er sah jetzt deutlich, daß sich Graf Draculas Gesicht im Spiegel, den er ihm gereicht, damit er sein neues, vorteilhaftes Aussehen betrachten könne, nicht reflektiert hatte. ›Teufel auch!‹ sagte er sich, ›was mochte dieses seltsame Phänomen wohl bedeuten?‹

Die Ankunft der Baronin Bathory im Bad — eine bildhübsche Nichte des Grafen Dracula und Nachkomme jener berühmten Gräfin von Meczyr, welche einst die Geliebte gewesen von Ritter Onofre de Dip (die Geschichte ist im Detail nachzulesen in dem Werk *Les Històries Naturals*) — war nicht allzu günstig für Bram Stoker, dessen Ruhe seit der Sache mit dem Spiegel dahin war. Unwiderstehlich von der Schönheit der Baronin Bathory angezogen, konnte er weder tags noch nachts zur Ruhe kommen, und sein Umgang mit ihr wurde von der Dienerschaft zweifellos mißbilligt, welche ängstlich durch die Gänge flüsterte, so daß Stoker schließlich (anonymer- und kollektiverweise, indem man ihn einfach auf sein Kopfkissen legte) einen Kranz verfaulter Knoblauchzehen geschenkt bekam, den der Romancier unvorsichtigerweise zum Fenster hinauswarf. Von da an hatte er, kaum war er eingeschlafen, Alpträume, er wurde sichtlich mager, und eine eigensinnige Fledermaus verfolgte ihn überall hin.

Eines Nachmittags nach der Siesta hörte unser Romancier, wenn er auch die einzelnen Wörter nicht unterscheiden konnte, eine heftige Auseinandersetzung, welche auf dem Treppenabsatz stattfand. Voller Neugier machte er die Tür einen Spalt breit auf und konnte sehen, wie Graf Dracula Baronin Bathory am Handgelenk packte, welche sich vergeblich wehrte. Die Eckzähne des Grafen waren wieder nachgewachsen, und sein rotglühender Blick strahlte einen entsetzlichen, unmenschlichen Glanz aus, während er gebieterisch ausrief:

»Nein! Stoker nicht! Ich verbiete es dir, elende Verworfene, du Verdammnis aller Verdammnisse! Du wirst sofort auf das Schloß gehen!«

Nach diesen Worten verschwanden Onkel und Nichte auf dem Korridor, nicht ohne daß dem Grafen zuvor ein Brief heruntergefallen wäre, den er in der Tasche trug. Stoker trat aufgeregt auf den Treppenabsatz hinaus, hob ihn auf und las ihn dann im Schein einer Kerze:

Ehrenwert Arthur Holmwood.

6. September

Lieber Art!

Meine heutigen Nachrichten sind nicht sehr gut. Lucys Zustand hat eine Verschlechterung erlitten. Die Verschlimmerung hat jedoch etwas zur Folge gehabt, was ich nicht zu hoffen wagte. Mrs. Westenraa hat mich ge-

fragt, was ich, als Arzt, von der gegenwärtigen Situation halte. Ich habe die Gelegenheit benützt, um ihr zu sagen, daß mein ehemaliger Lehrer, Professor Van Helsing, auf ein paar Tage zu mir komme und ich ihn bitten wolle, er möchte Lucy besuchen und sich des Falles annehmen. So haben wir von nun an immer, wenn wir es für nötig erachten, die Freiheit, das Haus der guten Dame zu betreten, ohne sie zu beunruhigen und übermäßig aufzuregen, was bei ihrem Zustand tödlich wäre. Andererseits müssen wir um jeden Preis die Folgen zu vermeiden suchen, welche der Schmerz um ihren Verlust Lucy verursachen könnte. Lieber Freund, wir alle fühlen uns vor Schwierigkeiten gestellt, die unüberwindbar scheinen; dennoch vertraue ich darauf, daß es uns mit Gottes Hilfe gelingen wird, sie zu bewältigen. Falls nötig, werde ich Dir wieder schreiben; wenn Du also eine Zeitlang nichts von mir hörst, bedeutet das, daß ich selbst den Verlauf der Ereignisse abwarte.

Stets Dein

DR. JOHN SEWARD.

Es verging einige Zeit, ohne daß der Graf oder seine Nichte aufgetaucht wären; so kehrte wieder Frieden ein bei unserem Helden und ebenso bei der degenerierten Dienerschaft, welche primitive, stammelnde Freudengesänge anstimmte. Nichtsdestoweniger lud nach einer Woche der Stille ein Schreiben des Grafen, das von einem gänzlich verblödeten Diener gebracht wurde, Stoker zum Abendessen aufs Schloß ein, mit der Bitte, seine Zahnarztinstrumente nicht zu vergessen. Die Kutsche stand bereit und wartete an der Freitreppe des Kurhauses.

Der Romancier begab sich, versehen mit seiner mit Muskelkraft zu betreibenden Schleifmaschine, zu seiner Verabredung. Das Schloß erschien ihm riesig und unheimlich, und aus seinen Zimmern und Nebenräumen breitete sich ein übler Geruch aus. Ein vorzügliches Abendessen wurde ihm serviert (der Graf nahm wie gewöhnlich nicht einen Bissen zu sich), wonach die beiden Freunde ihre Partie *Mah-Jongg* spielten. Anschließend machte Stoker seine Instrumente bereit und feilte erneut Draculas Eckzähne ab. Zufrieden sprach dieser:

»Mein lieber Freund, ich fürchte, wir werden einander nicht wiedersehen. Das Schicksal ruft mich, und ich muß nach London, wo mich mein Sachwalter, Herr Jonathan Harker, verlangt, denn ich besitze Vermögen in Ihrem Vaterland. Bevor ich gehe, möchte ich Ihnen jedoch für die Mühe, die ich Ihnen gemacht habe, die Dokumente überreichen, die mit der Geschichte meiner Familie und auch meiner eigenen zusammenhängen, und ich bin sicher, sie werden Sie interessieren, nicht nur in Ihrer Eigenschaft als Romancier, sondern vor allem als mein Freund. Sie werden darin den Schlüssel für viele Rätsel finden.«

Mit diesen Worten erhob er sich und überreichte Stoker eine alte Schatulle aus Metall. Dann umarmten sich die beiden Männer gerührt. Beim Abschied, schon vor der Tür, fragte der Romancier:

»Und was ist aus Baronin Bathory geworden?«

Dracula machte eine unbestimmte Bewegung mit der Hand.

»Sie ist fort. Vielleicht hat es sie nie gegeben, lieber Stoker. Und es ist viel besser für Sie, daß dem so ist.«

Zwei Jahre später, nachdem er eine langwierige nervöse Depression überwunden hatte, veröffentlichte Bram Stoker seinen Roman *Dracula*, dessen Erfolg im Verlauf der Jahre nur noch größer geworden ist. Alle Einzelheiten dieser Geschichte, die wir eben berichtet haben, sind uns nun bekannt dank der dokumentierten, umfangreichen und tiefschürfenden Abhandlung von Raymond Rudorff mit dem Titel *The Dracula Archives*, erschienen 1971 im Verlag A.M. Heath und Co. Ltd., London/WI.

Joan Perucho

Hercule Poirot und die Quellen von Beaulieu

Man darf behaupten, daß von 1935 an der Name des Badeortes Beaulieu für alle Zeiten mit dem hellen Verstand des großen Detektivs Hercule Poirot verknüpft ist, der unerschütterlichen Bastion der französischen Polizei und des Helden unzähliger, gefährlicher Abenteuer. Poirot, wie viele meiner Leser mit einer Vorliebe für Detektivgeschichten wissen, war ein gebildeter Mann von eher kleinem Wuchs, äußerst korrekt gekleidet und mit einer gewissen Neigung zu verbaler Virtuosität begabt. Von gewinnendem Wesen im Umgang mit Damen, schmeichelte es ihn außerordentlich, wenn diese seine faszinierende Persönlichkeit in gebührendem Maße zu schätzen wußten und voller Bewunderung auf seine exakten und sauberen Arbeiten anspielten. Er war zweifellos nicht eitel, doch ertrug er es schlecht, wenn man ihn nicht schon allein an seinem berühmten Namen erkannte, und wenn das einmal geschah, flüchtete er sich hinter eine höfliche, aber sarkastische Redensart, die er bei seinen Lieblingsdichtern gelesen hatte, bei Jean-Paul Toulet zum Beispiel. Wenn das nicht genügte, ergriff er seinen Stock, nahm seine auffälligen gelben Handschuhe und ging nach draußen auf einen Spaziergang durch die Straße, eine Gewohnheit, die er sich während seiner langen Aufenthalte in London angeeignet hatte.

Eines Tages bekam Monsieur Poirot Besuch von einem traurig und niedergeschlagen wirkenden Herrn, der erklärte, er heiße Leonides Cocu und sei der Vater des Kurhoteldirektors von Beaulieu. Nach einer ziemlich langen Pause, in welcher Herr Cocu gedankenlos und völlig ungeniert hartnäckig mit dem kleinen Finger in einem Nasenloch bohrte, wurde Poirot ungeduldig und sagte unwillig und streng:

»Nun, mein Herr, da Ihr Stand und Ihr Name bekannt sind, hoffe ich, Sie erweisen mir die Ehre, mir den Zweck Ihres Besuches mitzuteilen und desgleichen, Ihren Finger nicht an der Kante meines Schreibtischs abzuwischen (welche Absicht ich erahne).«

Verwirrt stammelte Cocu ein paar unzusammenhängende Entschuldigungen, und mit einem schrecklichen Geräusper, das Poirot erbleichen ließ, stellte er vor diesen ein Briefkuvert und eine verschlossene Flasche hin.

»Lesen Sie bitte den Inhalt des Kuverts, Herr Poirot.«

Unser Detektiv öffnete den Umschlag, entnahm ihm einen Brief und las folgendes:

Herrn Leonides Cocu
Paris.

Lieber Vater,
die Angst bringt mich noch zum Wahnsinn, denn ich fühle mich, mit den schlimmsten Absichten, ständig überwacht. Ich schreibe Ihnen aus dem Keller des Kurhauses Beaulieu, versteckt zwischen Truhen und altem Gerümpel, und bin überzeugt, daß mein Leben in Gefahr ist, wenn ich nicht rasch handle.

Seitdem die Brüder Piédelièvre das Erbe ihres Onkels, Monsieur Carnot (Gott habe ihn selig), des früheren Besitzers von Beaulieu, angetreten und sich im Kurhaus eingerichtet haben, sind sehr seltsame Dinge geschehen, mit denen die Brüder Piédelièvre etwas zu tun haben. Im Augenblick — und das ist noch nie passiert — sind bereits drei reiche Patienten gestorben, und alle haben eigenhändig ein Testament zu Gunsten der Brüder gemacht. Maurice, der ältere, lacht sich eins ins Fäustchen, sobald ein Patient krank wird. Dann sieht er mir düster in die Augen.

Übergeben Sie persönlich, Vater, diesen Brief dem großen Detektiv Hercule Poirot, ebenso die Flasche, die ich als Geschenk beilege, welche unser außergewöhnliches Mineralwasser enthält, das sich so gut für alle möglichen Krankheiten eignet. Ich tue es mit der Bitte, er möge rasch in dieser Angelegenheit tätig werden, welche sein vorzüglicher Verstand erhellen und zur Lösung bringen wird.

Herzliche Grüße von Ihrem verzagten Sohn
GUSTAVE COCU.

Es folgten einige Augenblicke gespannter Erwartung. Dann machte Poirot mechanisch die Flasche auf, mußte sie aber gleich wieder zumachen, da ihr ein widriger Geruch nach faulen Eiern entströmte. Die Augen des Detektivs funkelten heftig. Er erhob sich und rief entschlossen aus:

»Wenn es das Wetter zuläßt, reise ich morgen nach Beaulieu.«

Er wollte noch etwas hinzufügen, aber ein erneutes schreckliches

Räuspern des Herrn Cocu Vater verschlug Hercule Poirot regelrecht die Sprache, so daß er in seiner Betäubung kaum die Kraft besaß, ihn zur Tür zu bringen, was er jedoch mit höchster Vorsicht und größtem Widerwillen tat.

Poirot dachte einige Momente äußerst beunruhigt daran, wie wohl der Sohn eines solchen Vaters sein mochte, doch Tatsache ist, daß er am nächsten Tag, als er nachmittags in Beaulieu eintraf, in Herrn Cocu Sohn eine sehr höfliche, adrette Person mit lockigen, parfümierten Haaren vorfand. Als er an der Rezeption seinen Namen hörte, blinzelte er ihm heimlich zu und warf einen vorsichtigen Blick in die Runde.

Unser Detektiv trug sich unter dem Namen Hercule Morand in die Liste ein und wurde den Brüdern Piédelièvre als wohlhabender, an einer unbestimmten Krankheit leidender Tourist vorgestellt, der auf der Suche nach Ruhe und Erholung eine längere Zeit im Bad zu verbringen gewillt war. Die Brüder Piédelièvre, die in der Tat unheimlich waren, ergingen sich in lauter Höflichkeiten, umschmeichelten Poirot mit gezwungenem Lächeln und schenkten ihm eine Schachtel Schokoladebonbons, welche er jeweils vor dem vorgeschriebenen Wassertrinken nehmen sollte. Der jüngere der Brüder Piédelièvre hinkte, und der ältere, Maurice mit Namen, hatte, wenngleich er schlau und findig war, einen anderen Fehler: er schielte.

Hercule Poirot ließ eine Woche verstreichen, während der er alles beobachtete und besonders mit den kranken Patienten Umgang pflegte. Es entging ihm nicht, daß sie von den Brüdern Piédelièvre mit besonderer Sorgfalt behandelt wurden, welche sich persönlich darum kümmerten, ihnen große Gläser mit übelriechendem Wasser zu reichen.

Nach einer geheimen Unterredung mit dem verängstigten Direktor Cocu, welche im erwähnten Keller des Hauses stattfand, beschloß Poirot, zur Tat zu schreiten, und drang, indem er ein Fest ausnutzte, das in den Salons gegeben wurde, eines Abends heimlich in das Zimmer von Maurice Piédelièvre ein. Dort fand er große Mengen Arsen und ein halbfertiges Gedicht, das den Stil des Apotheker-Dichters Thibault Lespleigney nachahmte und die Vorzüge des Giftes besang:

ARSEN
Arsenic, oppin, riagal,
Tous troys sont d'un lieu minéral,

Aux quart degré, chault, aussi secz.
Arsenic est nommé arnechz
A ceulx qui parlent en arabe.
Mieux valdroit manger d'une rabe
Que d'en gouster une scintile, etc.

Unser Detektiv ertappte die Mörder auf frischer Tat und schritt, seine Pistole auf sie gerichtet, in dem Moment zu ihrer Festnahme, als sie ihren Opfern ruchlos Gläser mit Wasser und Arsen darin reichten. Die hochdramatische Szene trug Hercule Poirot den stürmischen Beifall seitens der verblüfften Kurgäste ein. Und eben eines der unschuldigen Opfer, Agatha Christie, die sich in einem fortgeschrittenen Stadium tödlichen Verfalls befand, verkündete laut ihre ewige Dankbarkeit gegenüber Hercule Poirot, sowie ihre Absicht, den einzigartigen Detektiv durch eine ausführliche Biographie unsterblich zu machen.

Frau Christie nahm ihren Vorsatz sehr ernst und dokumentierte sich weitläuig über unseren Helden, ergründete die Vorgeschichte seiner Familie (ein Urgroßvater Poirots war Scharfrichter der »chambre ardente«, des Sondergerichtshofes für Feuerstrafen), seinen Geburtsort (Chartres), seine staatsbürgerliche und religiöse Erziehung (Barmherzige Brüder), Hobbys (Lektüre zweitrangiger Dichter), Reisen, Gefühlsleben usw. Als sie endlich den Bericht über seine Heldentaten in Angriff nehmen wollte, fand sie, es seien so viele, daß sie in einer gewöhnlichen Biographie keinen Platz hätten, weshalb sie beschloß, jede für sich — als Einzelband in einer Reihe — zu erzählen.

Der Erfolg der ersten Bände war so groß, daß nicht nur Frau Agatha Christie sich anstrengen mußte, rasch zu schreiben, auch Hercule Poirot selbst sah sich gezwungen, unermüdlich neues Material zu liefern und alle Fälle, die sich ihm boten, anzunehmen, welche zumeist sehr gefährlich waren.

Natürlich wurden sowohl die Schriftstellerin als auch der Detektiv steinreich und sammelten Porzellan und Gemälde. Schließlich jedoch, bei soviel Arbeit, wurde Hercule Poirot wirklich krank und konnte — wie es manchmal so geht — nur dank Beaulieuer Wasser geheilt werden. Feinfühlig ließ es ihm die Kurdirektion mit einer Visitenkarte von Monsieur Cocu gratis zukommen.

Miquel Angel Riera

Der zweite Tod

Als einer von denen, die ein Gewehr auf dem Rücken trugen, ihm, wie es vor der Erschießung Vorschrift war, sagte, er könne einen letzten Wunsch äußern, da brauchte er sich nicht lange zu besinnen und antwortete beinahe ungezwungen, er wolle Wasser lassen. Dieses Formenwesen ihm gegenüber, vor allem die speziellen, wie erkünstelten Untertöne, mit denen das gesagt wurde und welche der Situation einen mehr beamtenhaften als amtlichen Anstrich verliehen, drängten ihn zur Überlegung, daß die Situation bei alledem, obwohl die Dinge sich derart zugespitzt hatten, etwas Falsches hatte. Es war nämlich ganz klar, um nur dieses Detail noch etwas zu präzisieren, daß sie ihn einfach deshalb aufgefordert hatten, seinen letzten Wunsch zu äußern, weil sie wußten, daß es so dort gemacht wurde, wo das alles in Legitimität geschah, wo dieses alte, anerkannte Zeremoniell befolgt und jedesmal mit größter Selbstverständlichkeit wiederholt wurde. Aber hier gab es keine Natürlichkeit, so daß man erkennen konnte, daß sie es nicht gesagt hatten, weil sie es, in strenger Anwendung eines Zeremoniells, ohne Umstände und sogar, wenn man so sagen dürfte, mit Stil zu tun verstanden hätten, sondern weil *sie wußten, daß man es so macht*, weil man es dort so macht, wo man etwas davon versteht, und diese Männer waren schließlich weit davon entfernt, es mit dem Grad von Meisterschaft und Erfahrung zu tun, welchen man ihnen auf Grund ihrer Einladung, er möge, bevor er starb, seinen letzten Wunsch äußern, fälschlicherweise hätte zuschreiben können. Kurzum, man sah deutlich, daß es Anfänger waren, die es auf diese Weise taten, *weil es sich so gehört*, wenn man den Eindruck erwecken will, man beherrsche das Metier. Trotzdem hatten sie durch die wiederholte Praxis der letzten Tage das Handwerk offensichtlich ein wenig gelernt, denn sie bewegten sich flink und ohne bei den Vorbereitungen allzu sehr das Konzept zu verlieren, was einem nur schlecht gelingt, wenn man improvisiert, dies allerdings konnte niemanden, der nur halbwegs fähig war, Kleinigkeiten zu interpretieren — und ihn trieben die Umstände, jeder einzelnen Gewicht beizumessen —, daran hindern, zu bemerken, daß diese Männer wirklich kein richtiges Erschießungskommando waren, sondern bloß so taten.

Wie gewöhnlich regte sich wieder dieser seltsame Wesenszug seines Temperaments, der ihn dazu trieb, sich nie wie in einer Sackgasse zu fühlen, in welcher Lage immer er auch stecken mochte. Auf jedes Problem, sagte er sich überzeugt, folgt immer eine Lösung: das Geheimnis besteht darin, daß man sie auch sieht, wenn sie an einem vorbeikommt. Es war dies keine Denkweise, sondern eine Seinsweise, und aus ihr heraus glaubte er noch immer — wie er es bei seiner Festnahme geglaubt und wieder gedacht hatte, als er in Einzelhaft in der Zelle saß, und von neuem einige Minuten zuvor, als man ihnen noch nicht befohlen hatte, vom Lastwagen abzusteigen —, daß jetzt gleich etwas zu seinen Gunsten geschehen werde, etwas, er wußte nicht, was es war, noch wie es geschehen würde, das diese schwierige Situation in letzter Instanz für ungültig erklären und sie von Grund auf ändern würde. Zudem regte sich, und zwar wesentlich, jener instinktive Impuls, der bewirkt, daß ein Mensch selbst an der Schwelle des Todes nie wirklich glaubt, daß er gänzlich und unwiderruflich dort steht, vor allem wenn man sich, wie er in diesem Fall, der besten Gesundheit erfreut. Deshalb hatte er, obschon die Dinge derart gefährlich weit gediehen waren, als er sagte, sein Wunsch zum jetzigen Zeitpunkt sei, Wasser zu lassen, nicht das Gefühl, er spiele seinen letzten Trumpf unüberlegt und dumm aus, sondern er sagte es mit dem deutlichen Gefühl, etwas durchaus auf einer gleichsam häuslichen Linie Liegendes und Unbefangenes zu sagen, und außerdem mit dem Gedanken, daß diese Entleerung, die er so unverhofft (jedenfalls für die andern) begehrte, seinen Organismus von überflüssigen Substanzen entlasten werde, was es seinem Körper außerdem ermöglichen würde, angesichts einer Zukunft, mit der er trotz allem rechnete, ein gutes Funktionieren zu begünstigen. Was er verlangte, war demnach viel angebrachter, als wenn er, von seiner Aufregung verleitet oder der Versuchung, eine feierliche Haltung einzunehmen, seinen letzten Wunsch in einer Gebärde, in einem Ausspruch oder, wie es der klassische Fall war, in der Bitte nach einer letzten Zigarette geäußert hätte.

Einer von denen mit Gewehr wollte diesbezüglich einen Witz machen oder vielleicht vor den andern das Witzige an der ungewöhnlichen Bitte dieses Verurteilten hervorheben und sagte etwas, aber man merkte deutlich, daß sich niemand dafür interessierte. Einer von ihnen, derselbe, der ihn das gefragt hatte, verzog unwillig das Gesicht, kam ein wenig näher und bückte sich vor ihm, als wolle er ihm den

Hosenschlitz aufknöpfen, er jedoch, der zwar Wasser lassen wollte, aber nie geduldet hätte, daß man ihm so dabei half, schützte sich, indem er das Knie hochzog und vor das andere Bein hielt. Einer der andern, der alles gesehen hatte, kam heran:

»Bind ihm die Hände los, bloß für einen Augenblick.«

Es war herrlich, auf einmal, nach so langer Zeit, die Hände frei zu haben, und es überkam ihn ein wenig das Gefühl, daß mit dieser physischen Erleichterung vielleicht die Verwirklichung dessen begann, daß das, was da geschah, gar nicht richtig wahr, vor allem nicht unumstößlich wahr sei.

Er machte ein paar Schritte, um sich diskret zu entfernen, doch nicht so viele, daß die andern hätten denken können, er sei in Versuchung, die Flucht zu wagen, und indem er sich umdrehte und ihnen den Rücken zuwandte, knöpfte er den Hosenschlitz auf. Er steckte zwei Finger hinein. An seinem zusammengeschrumpften, winzig klein gewordenen Glied erkannte er, wie tief trotz allem die Angst in ihn gefahren war und daß er selbst ganz zusammengeschnurrt sein mußte, ohne es verbergen zu können. Während er sich betrachtete und darauf wartete, das warme Naß tröstlich fließen zu sehen, sah und fühlte er, daß seine Hand zitterte. Im Unterleib spürte er eine heftige, brennende Schwere, die um so größer wurde, je länger sich die Schließmuskeln weigerten, sich zu entspannen. Er blieb noch einen Augenblick, der ihm lang und kurz zugleich vorkam, in dieser unanständig auffälligen Haltung stehen, doch war alles vergeblich. Dieses unüberwindliche, schmerzhafte Harnverhalten erschreckte ihn: das war so etwas wie der Anfang des Nichtmehr-Funktionierens seines Körpers, eine Vorwegnahme der Auflösung, die man herbeiführen wollte, indem man ihm ein paar Kugeln ins Herz schoß, hier an dieser Stelle, genau zu dieser Stunde. Es ging nämlich, um genau zu sein, nicht um seine völlige Zerstörung, sondern darum, mittels Einverleibung eines kleinen zusätzlichen Teils aus Blei in die empfindliche Maschinerie eine entscheidende Funktionsunfähigkeit zu bewirken. Er versuchte, seinen Unterleib abwechselnd zusammenzuziehen und zu entspannen. Doch es war vergeblich.

Wasser lassen, wenigstens der Versuch dazu, vor den Feldern Wasser lassen, vor dieser dauerhaften Geometrie von Trockenmauern, die sich, horizontal die Landschaft bündelnd, vor ihm reihten, hatte einen durchaus trostreichen, ganz alltäglichen Sinn. Wasser lassen vor dem freien Raum war eine Verrichtung, die den, der es tat, auf eine Linie brachte, wo alles ganz natürlich und ordnungsgemäß war, ganz im Gegensatz also zum Ziel dieser Grenzsituation, welche die vom Kommandotrupp kontrollierten, und es schien — gerade wegen der schlichten Tatsache, daß eine so ganz anders als ihre Tötungsabsicht geartete Abschweifung wie das Wasserlassen gestattet wurde — unpassend, daß man aus dieser Situation nur Tod und nichts als Tod sollte ableiten können.

Er war ganz in Gedanken, für einen Augenblick mit all den Dingen verbunden, die zu dieser Haltung des Wasserlassens vor der Landschaft gehörten, und als er spürte, daß man ihm die Arme auf den Rücken bog, heftig, fast mit Gewalt, als ob er mit seiner fruchtlosen Warterei mit den Händen vorn das Entgegenkommen mißbraucht hätte, da begriff er, daß ihm nicht einmal mehr die Möglichkeit blieb, den Hosenschlitz wieder zuzuknöpfen.

Die andern Unglücklichen, von denen einige gebeten hatten, man möge ihnen die Augen verbinden, und die nun, bereits mit dem Rücken zum Erdwall, unbeweglich dastanden, sich endgültig der Tatsache beugend, daß es für sie keinen Ausweg mehr gab, stöhnten kaum Verständliches vor sich ihn, denn ihre Worte gingen im vielen Speichel, der ihnen aus dem Mund lief, unter.

Er aber fühlte sich lebendiger denn je und konnte einfach nicht glauben, daß diese Situation unabänderlich sein sollte. Doch der Kreis schloß sich, und aus seinem kleinen Rest Hoffnung ließ sich nichts Konkretes ableiten, und ebensowenig aus der Tatsache, daß diese Männer mit Gewehr lauter bekannte Gesichter waren. Und nicht nur vom Gesicht her: Name, Stellung, Beruf, familiärer Umkreis, ja sogar der Spitzname jedes einzelnen waren ihm nicht bloß bekannt, sondern in gewisser Weise war er so, wie er war, weil es diese andern gab und sie so waren, wie sie waren, und auch andern gegenüber so waren und durch ihre Haltung seine Haltung bedingten. Dieser Umstand, weit davon entfernt, der Situation etwas Schreckliches oder um so Abstoßenderes zu verleihen, was mögliche Zuschauer gerade zu schätzen gewußt hätten — die es aber nicht gab, da sie alle Hauptdarsteller waren, auf der einen oder anderen Seite —, ließ in ihm den unbestimmten Eindruck eines Auftritts unter Freunden entstehen, der, wenngleich falsch, so doch einleuchtend, die finstere Haltung zum Ausgleich hatte, welche die einnahmen, die die Gewalt handhabten und die, da sie von jenen Unglücklichen, deren Kräfte noch knapp zum Atmen reichten, weder gereizt noch provoziert wurden, sich durch keinerlei Ersatzhandlung erleichtert fühlten und ihre Arbeit mit abgewandtem Blick verrichteten, darauf bedacht, daß ihre Blicke sich nicht mit denen jener wenigen kreuzten, die nicht gewollt hatten, daß man ihnen die Augen verband.

So geschah auch ihm, daß er, als er bereits am einen Ende der Reihe stand, zu der sie alle aufgestellt waren, verzweifelt darum kämpfte, seinen Blick mit dem irgend eines der näher Bekannten zu kreuzen, vor allem jedoch mit dem eines entfernten Verwandten, welcher, da er sich offensichtlich von diesem lästigen, klebrigen Blick, den er auf seinem Gesicht spürte, angezogen fühlte, bemüht war, sich von ihm weg zu bewegen, indem er seinen Platz immer als Gegenpol zu dem des andern einnahm. Obschon dieses Ausweichen ziemlich deutlich war — vielleicht sogar weil es das war und weil es, wenn es so war, bedeutete, daß derjenige, welcher diese Haltung einnahm, die Existenz einer Bindung zwischen sich und dem Verurteilten anerkannte, einer Beziehung, die, wie man aus anderen Fällen wußte, bis zum letzten Moment ein Zipfelchen Hoffnung bedeuten konnte —, ungeachtet dieser Haltung ließ er diesen entfernten Verwandten nicht aus den Augen, in der Gewißheit, daß er ihm in einem der wenigen Augenblicke, die ihm noch blieben, schließlich seinerseits den Blick zuwenden würde, und sei es auch nur verstohlen, obgleich diese heimliche Regung auf die Dauer bloß einem nervösen Abschütteln, um ihn loszuwerden, gleichkäme, ähnlich, wie man es macht, wenn man sich ein lästiges Tierchen von den Kleidern schütteln will.

Als ihm der Priester die Stola an die Lippen hielt, wurde der ganze ein Meter siebzig Leere, woraus er in dem Augenblick bestand, von einem weich stimmenden Geruch wie nach einem verbrauchten Küchentuch erfüllt, und er machte sich die bittersten Vorwürfe, daß er nicht schon früher an seine Mutter gedacht hatte. Im Bewußtsein, daß ihm nur noch ein Entweder-Oder von Sekunden blieb, schloß er die Augen, um sich auf sie zu konzentrieren, doch das Bild ihres Gesichtes wollte nicht erscheinen, und er versuchte es noch einmal, und wieder empfand er die Trostlosigkeit eines leeren Gedächtnisses, dem er als einzige Spur durch zähes Ringen gegen die unaufhaltsam verrinnende Zeit für einen kurzen Augenblick die fast greifbare Vorstellung zu entlocken vermochte, er betrachte jenen schütteren Flaum, der ihre Oberlippe beschattete. Es gelang ihm, von ihr zu denken, daß sie sich um diese Zeit wohl in der Küche zu schaffen machte, wahrscheinlich besorgt um ihn, aber ohne jede Nachricht von dem, was ihm geschah, doch vermochte er dieses Bild nicht anders herzustellen als Stück für Stück, wovon eines ihm zum schönsten Augenblick verhalf: ein Stimmfetzen, der deutlich und vertraut zu ihm herüberklang, als hätte er sie neben dem Ofen gehört.

Als er die Augen wieder aufmachte, hatte sich der Trupp dort vorn aufgestellt. Die Gewehre, ausgerichtet auf einer Höhe, die drei Viertel seiner eigenen betrug, bildeten zusammen eine waagrechte Fläche, die wegen der unruhigen Hände leicht wogte, als ob auch sie den leisen Windstoß verspüren könnte, in dem hin und wieder die letzten Schmetterlinge an den Wegrändern gaukelten. Verzweifelt suchte er seinen Verwandten und sah ihn auf der anderen Seite, wie er auf den ersten am entgegengesetzten Ende zielte. Er fixierte ihn mit eindringlichen, stechenden Blicken, und da, endlich, spürte er auf einmal, wie es nun seinerseits zu ihm hinströmte, hin und her, bis sich in den zwei Augen des Verwandten, Spalten gleich, sein eigenes Bild gestaltete, aufrecht noch, für einen Moment.

Der Anführer des Kommandos trat einen Schritt zurück, gleichsam damit der Bleifächer weiter aufgehen konnte, und hob langsam die Hand. Da, an der äußersten Grenze, biß er die Zähne aufeinander und sagte, aus der ganzen Anspannung seines Körpers heraus: »Und sie werden mich trotzdem nicht töten, denn ich geb es nicht zu.«

Er hörte den Schuß nicht, doch empfand er dann die Unebenheiten des Geländes, das stellenweise sehr hart, woanders wieder weicher war, als er auf den Rücken fiel. Gleichwohl war seine Unbeweglichkeit typisch für den, der eine bequeme Lage gefunden hat, welche er jedoch am Rande des Bewußtseins genoß. Jetzt, da alles geschehen war, stellte sich heraus, daß sich die Dinge so abspielten, wie er es immer behauptet hatte, und man nicht vom Licht in die völlige Finsternis hinüberwechselte, nicht von der vielfältigen Wahrnehmung der Umgebung in einen derart anderen, gegensätzlichen Zustand, daß sich das menschliche Gehirn ihn strenggenommen nicht einmal vorstellen konnte. Im Gegenteil, ein geringfügiger Rest von Bewußtsein dauerte fort und wies so auf einen Überschneidungs- und Verbindungspunkt zwischen Leben und Tod hin, wodurch jede angebliche Linie der vollständigen Trennung zwischen beidem ausgelöscht wurde. Und aus dieser hauchzarten Verlängerung der Wahrnehmung, aus ihrem Widerhall, der noch in ihm pulsierte, heraus empfand er auf undeutliche, aber angenehme Art die unendlich entspannenden typischen Eigenschaften der völligen Unbeweglichkeit. Aus ihr heraus spürte er seinen eigenen Körper, welcher einen ganz elementaren Rhythmus bewahrte, der aber kaum Atmen zu nennen war, durchdrungen von einem brennenden, aber gar nicht schmerzhaften Gefühl, das ihm genau beschrieb, welchen Weg die Kugel genommen hatte, von ihrem Eintritt beim Brustbein bis zum Steckenbleiben in der Rückenmarkflüssigkeit.

Er sah nicht, er hörte nicht, er konnte keinen Gedanken formen, noch konnte er sich bewegen. Er war also tot, doch war er es auch wieder nicht und ein Prozeß noch im Gang, der ziemlich langsam ablief, und sein Körper behielt eine Zeitlang noch ein letztes Zucken bei, entsprechend dem letzten Irisieren von Glühlampen, die ausgelöscht werden. Es gab demnach so etwas wie einen mittleren Weg zwischen vollständigem Leben und vollständigem Tod, einen Übergangszustand, in dem man einen nicht mitteilbaren Bewußtseinsrest beibehielt, von dem er zwar noch nie gehört, den er selbst jedoch irgendwie erahnt hatte. Es war dies ein Gefühl wie von Teilnahme an der Welt von unterhalb der Steine aus oder vielleicht sogar aus dem Innern der Steine heraus. War das etwa eine Ebene passiven Bewußtseins, das tatsächlich den unbeseelten Wesen zukam, ohne daß es der Mensch je vermutet hätte? War es — seltsamerweise — etwas völlig Natürliches, und war dieser Wahrnehmungsrest im Grunde schon immer ein Vermögen der Minerale, jeder Art von *toten* Körpern gewesen, von dem man *dort im Diesseits* nicht die geringste Kenntnis hatte, gerade wegen seines unendlich kleinen Ausmaßes, und das als solches gar nicht zu ermessen war von jenen, die, da sie sich auf der Seite des Lebens befanden und es ihnen großzügig, in reicher Fülle zur Verfügung stand, von ihrem eigenen blind und übermäßig Gebrauch machten? War es demnach so, daß dieses schwache — neue oder andersartige — Wahrnehmungsvermögen, das ihm beistand, nicht wirklich ein Überrest, wohl aber eine vollständige Eigenschaft war, die ihm zukam und die er aus seinem neuen Zustand des Nicht-mehr-lebendig-Seins, in den er geraten war, zu gebrauchen begann?

Es war jedoch so, daß es ein Grad von Bewußtsein war, der irgendwie *begonnen hatte*, er spürte das, und es war so, daß ihn die Empfindung begleitete, den Beginn dieser Art von Wahrnehmung wahrgenommen zu haben, daß er also früher als sie dagewesen war, und wenn, so war das eine gewordene Eigenschaft und demnach nicht wesensgleich mit einer Seinsweise, wie es *die andere*, jenseits des Lebens, hätte sein können. Es zeigte sich, außer seinem gänzlichen Unvermögen, seinen eigenen Befehlen zu gehorchen — er wollte sich bewegen und bewegte sich nicht, er wollte sehen und sah nicht, obgleich er, *er wußte es*, die Augen offen hatte —, daß es ein fortschreitender Grad von Bewußtsein war, langsam und sicher fortschreitend, bis zu dem Punkt, an dem es einen Grad erreichte, wo er feststellen konnte, daß er ausgiebig in die Hose gemacht hatte, und zwar schon vor einer ganzen Weile, zumal die nasse Stelle nicht warm war und er ihre Kühle auf einer Fläche spürte, welche den ganzen Bauch einnahm und an den Beinen bis zu den Knien ging. Was ihn aber doch wieder auf den Gedanken, tot zu sein, zurückbringen konnte, war der Umstand, daß er überhaupt nichts hörte, so sehr er auch achtgab, und da diese Stille durchaus nicht von der Welt der Lebendigen war, so brauchte es auch das Gehör, mit dem er sie aufnahm, nicht zu sein.

Aber es fror ihn, also war er am Leben! Es gelang ihm, deutlich festzustellen, daß er, noch immer mit gefesselten Händen, auf dem Rücken lag. Es war wohl wahr, daß er weder sah noch hörte, und auch, daß er keinerlei Schmerzen hatte, doch war diese Wahrnehmung von Kälte ein *lebendiger* Ausgangspunkt, der sich gänzlich dazu benutzen ließ, um von ihm aus zur allmählichen Wiederherstellung des vollkommenen Bewußtseins seiner selbst voranzuschreiten. Er lebte, er lebte! Und er war lebendig, er wußte es sicher, er sah es ganz deutlich, weil er *den Tod*, den sie ihm hatten zufügen wollen, *nicht zugelassen hatte* und so die grundlegende Mitarbeit verweigert hatte, die *er* notwendig hätte beibringen müssen, damit der Tod *sein* Tod würde. Wie nützlich war ihm seine bäuerische Dickköpfigkeit gewesen und wie nützlich sein sturer, nie aufgegebener Instinkt, zugunsten seiner selbst ein Bis-hierher-und-nicht-weiter festzusetzen, wenn er sich gezwungen fühlte, zugunsten der andern nachzugeben.

Er lebte, so viel Macht die da auch hatten, er lebte! Er lebte und spürte es, und er war sich der Existenz einer besonderen Kälte bewußt, die seinen Körper betraf. Nach und nach enträtselte er den Eindruck und gelangte zur Unterscheidung, daß es solche und andere Sorten von Kälte gab, von einander verschiedene Kälten, und eine solche eben kam durch seinen offenen Hosenschlitz herein.

Er ging in Gedanken seinen ganzen Körper durch und rekonstruierte so dessen Gestalt und bestimmte, ausgehend von der Lokalisierung — innerhalb des Raumes, der er selbst war — der Empfindungen, die er zusammenbringen konnte, seine Lage. Auf diese Art gelangte er zur fernen Empfindung der in Stiefel eingezwängten Füße und konnte feststellen, daß sie grotesk auseinander lagen und er die Beine gespreizt hatte. Er wollte sie nebeneinanderlegen, er verwandte die ganze Kraft seines Wollens auf dieses Vorhaben, aber die ganze Nervenentladung, die aus dem Gehirn floß, löste sich auf in einen verschwenderischen Strom, der sich erschöpfte, bevor er die Glieder, die er zu bewegen suchte, erreicht hatte, und sie blieben unbewegt. Er probierte dann, den Körper in immer kleineren Teilstücken zu bewegen, und da, endlich!, erhielt er als deutliche Antwort den Eindruck, an einem der beiden Füße — an welchem, konnte er nicht ausmachen — ein wenig den großen Zeh bewegt zu haben: solcherart, durch die langsame Steigerung dieser unbeholfenen Bewegung, vervollständigte er die Tastempfindung, die ganze Innenseite der Stiefelspitze auszufühlen, deren lederne Härte er durch das dicke Strumpfgewebe als etwas weicher empfand.

Es war eine neue Art *zu leben*, alles erwies sich als neu, in ganz besonderer Weise der Begriff der Zeit, die von unendlicher Ausdehnung und unermeßlichem Dahinfließen war, beides keineswegs mit der gewöhnlichen Auffassung verbunden, die eine Einteilung in Stunden erlaubt. Was er erkennen konnte, war eine gleichsam stehengebliebene Zeit, die sich statt in linearem Fortschreiten in einem Gefühl von Weite äußerte und die keinerlei direkte Verbindung mit jener anderen Zeit zu haben schien, welche jene, bereits nur noch in der Erinnerung schmerzhafte, Szene gemessen, bei der ein Gewehr auf ihn gezielt hatte. Ebensowenig schien es eine räumliche Verbindung zu geben zwischen dem Raum, den er selbst, in gänzlich unbestimmter Weise, einnahm oder der er war, und demjenigen, in welchem jene Zeremonie stattgefunden hatte zwischen Menschen, die alles waren und alles hatten, und solchen, die die vollkommene Entäußerung verkörperten. Er konnte also nicht von der Gewißheit ausgehen, daß er sich dort, beim Erdwall, hinter dem Dorffriedhof befand, noch daß er irgend einen deutlichen Anhaltspunkt in bezug auf die Zeit besaß. Und er überließ sich dem Warten. Falls es, wie er glaubte, stimmte, daß er die Erschießung überlebt hatte, würde ihn wahrscheinlich bald jemand holen, vielleicht sogar jemand von der Familie, dem man den Vorfall gemeldet hatte.

Plötzlich packte ihn entsetzliche Angst beim Gedanken, sie könnten ihn für tot halten, wenn sie ihn holten. Daß er mit den Kleidern, die er anhatte, begraben würde und somit keine Möglichkeit hätte, das einzige Ausdrucksmittel, worüber er verfügte — eben jener große Zeh am einen Fuß, den er bewegen konnte —, vorzuweisen und geltend zu machen. Sein Überleben hing davon ab, ob man ihm die Stiefel auszog oder nicht! Falls ihn die Familie holte, würden sie ihm die Stiefel ganz gewiß ausziehen, bevor sie ihn ins Leichentuch hüllten. Aber es war sehr unwahrscheinlich, daß er ihnen ausgehändigt würde ... Es sei denn, jener Verwandte? Wenn er, um sich von jedem Verdacht zu reinigen, den Freund und Verwandten mimend, sich entschloß, ein doppeltes Spiel zu treiben, und er selbst sie wissen ließ, er habe dank vertraulichen Mitteilungen ihm gegenüber traurigerweise erfahren ...? Aber war es vielleicht nicht viel sicherer zu schweigen? Und wenn sich herausstellte, daß er auch den großen Zeh am einen Fuß nicht bewegte und das Gefühl, ihn zu bewegen, falsch war, ein bloßer Reflex, wie der Juckreiz an einer bestimmten Stelle am Bein, den einer spürt, dem man das Bein gerade erst amputiert hat?

Von den Männern, die ein Gewehr trugen, waren nur gerade zwei dageblieben. Ein dritter befand sich am Feldrand. Er hatte keine andere Aufgabe als die, darauf zu achten, daß niemand näherkam.

Gegen Mitternacht lenkte einer von ihnen den Lastwagen so, bis die Scheinwerfer auf die Reihe der toten Körper gerichtet waren. Im flach einfallenden Licht erschienen die Schatten lang, lebendig, furchterregend. Beide bewegten sich sanft und geschmeidig, wobei sie einen gewissen Ausdruck der Gewohnheit zu erkennen gaben. Sie häuften die Leichen auf.

Als sie auch ihn ergriffen, fühlte er sich erleichtert und hatte eine angenehme Empfindung von Schwerelosigkeit, welche nur für einen kurzen Augenblick anhielt. Auf einmal spürte er, daß er aufs Gesicht fiel. Die gefesselten Hände waren von der Last des ganzen Körpers befreit, und er fühlte sich bequemer daliegen. Er versuchte sie zu bewegen, indem er seine ganze Willenskraft auf sie übertrug. Doch ein plötzliches Gefühl von neuerlicher Last auf seinen Händen unterbrach den Versuch. Er empfand keine Schmerzen und verwandte alle Kraft darauf, Klarheit zu erlangen über das, was geschah, wobei er nicht ganz sicher war, ob jene Neigung zu neuem Mut so vernünftig war, die ihn beim Bewegen der Zehe ergriffen hatte.

Mit einem Schlag wurde sein Geruchssinn wieder wach. Das war ein Sinn mehr, den er wiedererlangte, und er hielt es für ein gutes Vorzeichen. Doch nur einen Augenblick lang. Der Geruch, den er wahrnahm, war seltsam kühl und durchdringend scharf, so daß er etwas Erregendes hatte. Als er herausgefunden hatte, daß er Benzin roch, reichte ihm die Zeit schon nicht mehr, um noch irgendwelche Überlegungen anzustellen. Der Geruch wurde allmählich immer stärker, bis er erstickend war. Husten, wenn er doch nur husten könnte. Mit dem fortschreitenden Naßwerden nahm die Kälte ganz entsetzlich zu. Aber alles ging schnell. Plötzlich, für einen winzigen Augenblick, streichelte ihn ein belebendes Gefühl von Wärme. Unmittelbar danach die Flammen, schmerzhaft vom ersten Augenblick an, da sie ihn erreichten. Er begriff, daß die verbleibende Zeit ihm nur noch die Wahl ließ, zu schreien zu versuchen. Doch statt sich nach draußen zu ergießen, hallte sein Stöhnen wahnsinnerregend durch das Innere seines Körpers, der so vollkommen leer war wie ein neues Haus.

Quim Monzó

Die Lachsdame

Als erstes bezauberte mich die Art, wie sie die Beine übereinanderschlug. Ganz sacht, als ob sie Angst hätte, sie sich zu brechen, als ob sie aus Eis wären: sie hob das eine und legte es über das andere: beide berührten sich nun, vom Knie bis zum Fuß. Das war die Madeleine: auf einmal kam mir ein ganzer Wust von Bildern mit Tanten und Cousinen in den Sinn und sepiafarbene Fotos einer Großmutter aus den zwanziger Jahren, mit Topfhut und kurzem Rock, die Beine genau so aneinander wie meine Reisegefährtin, welche, um sie auseinanderzuschlagen, nach einer Weile das eine hob und vorstreckte, so daß während einer Sekunde das ganze Bein (von der Scham bis zum Fuß) vollkommen gerade war. Die parallelen Beine neigte sie dann auf die Seite, herrliche, vollendete Beine. Solche Beine konnten den glücklich machen, der sie teilen dürfte (und teilen wollte heißen, sie jederzeit zu betrachten, sie hin und wieder, nackt unter den seidigen Strümpfen, zu streicheln ...); und wer sie verlöre, dem konnten sie Unglück und Selbstmord bringen; sie konnten endlose Kriege auslösen, neue Helena von Troja mit Marlene-Dietrich-Beinen, die durch das Fenster auf die unendliche Folge von grünen Wiesen und ganz vereinzelten Häusern vor einer Wand aus teils ockerfarbenen, teils weißen Bäumen blickte.

In Hønefoss blieb der Zug sehr lange stehen. Wir mußten aussteigen. Ich verstand nicht, weshalb wir den Zug wechseln mußten, doch da niemand protestierte, hielt ich die Beweggründe der Gesellschaft für richtig. Die Wagen, in denen wir gekommen waren, entfernten sich rasch, und nach fünf Minuten waren neue da.

Alles beeilte sich einzusteigen, und jeder setzte sich, wohin er wollte. Ich hatte die Hoffnung auf den weiteren Anblick des Beinspiels der Dame aufgegeben und entfernte mich in einen der hintersten Wagen. Dort fand ich ein leeres Abteil und ließ mich häuslich nieder. Ich zog den Guide bleu aus der Umhängetasche und vertiefte mich in die Lektüre von Höhenangaben, Ortschaften und möglichen Restaurants. Die Ruhe fand sehr bald ein Ende: jemand machte die Tür des Abteils auf, und von da an war alles ein zwar gedämpftes, doch ständiges Paketgeraschel und Kindergeplärre. Ich steckte meine Nase ins Buch und versuchte, mich in Betrachtungen über die Qualität des Lachses auf den Küsteninseln zu versenken, von denen mich aber das Gefühl, beobachtet zu werden, ablenkte. Ich hob den Kopf. Mir gegenüber wollte ein Junge ein Comic-Heft erklärt haben von einer Frau, die seine Mutter zu sein und eine Stinklaune zu haben schien. Ich ließ meinen Blick durch das Abteil wandern: neben mir saß die wundervolle Dame, die mit dem Beinspiel.

Ich war überrascht. (Das übrige Abteil war leer, und sie hatte sich ausgerechnet neben mich setzen müssen!) Ich sah sie aus den Augenwinkeln an: sie schaute nach vorn, offenbar zu dem Kind, das unbedingt von seiner Mutter die Männchen erklärt haben wollte. Ich schlug den Guide auf. Der Hering ...

In Sokan stiegen Kind und Mutter aus, und ein alter Mann stieg ein. Kaum hatte der Zug den Bahnhof hinter sich gelassen, verspürte ich einen Druck am Bein. Sie (die Dame mit den lachsfarbenen Beinen) rieb ein Bein an meinem! Ich zögerte nicht lange zu reagieren: ich kam der Liebkosung nicht nur nach, sondern verstärkte sie auch noch. Aus den Augenwinkeln schien sie mir zu lächeln. Was galt es nun zu tun? Ich machte mir Hoffnungen, daß der Alte beim ersten größeren Dorf aussteigen würde und wir dann alleine wären. Aber wir kamen an einer Menge Bahnhöfe vorbei, und der Alte rührte sich nicht. Er hatte die Augen geschlossen und den Kopf in eine Seitenstütze des Sitzes gelehnt. Er schlief so entspannt, in reiner Stille, daß ich dachte, er könnte gestorben sein. Und wenn er an seiner Station vorbeifuhr? Und wenn er ausgerechnet bei der aussteigen müßte, an der wir hielten, und es im Schlaf nur nicht gemerkt hätte? Vielleicht wäre es sogar eine gute Tat, wenn man ihn aufweckte. Doch als vernünftiger Ausländer zog ich es vor zu schweigen, vor allem jetzt, da unser Abteil Zuwachs bekommen hatte: ein etwa zwanzig Jahre altes Mädchen mit einem übertrieben großen Beutel und ganz hellen Augen.

Das Bein der Dame und mein eigenes verharrten weiter in Siamesenstellung, und dem Anschein nach besaß keiner von uns beiden genügend Phantasie, um unsere Wünsche an ein glückliches Ziel zu bringen. Der Zug war schon ziemlich lange unterwegs, als ich Mut faßte und sie fragte, ob sie weit fahre. Zuerst sah sie mich nicht einmal an, und als ich meine Frage wiederholte, wandte sie mir das Gesicht zu (und jetzt, so ganz aus der Nähe, konnte ich feststellen, daß sie eine bildschöne Matrone war): ihre blutroten Lippen lächelten mich an, und sie antwortete mir auf norwegisch. (Meine Hoffnungen, sie könnte zu jenem beträchtlichen Teil der Bevölkerung gehören, der als Zweitsprache Englisch spricht, zerschlugen sich auf der Stelle.) Ich schwieg verlegen still. Sie fügte noch etwas hinzu und wartete dann möglicherweise auf eine Antwort, die ich ihr nicht geben konnte. Das junge Mädchen las in einer Modezeitschrift und schien der Welt, die sie umgab, völlig entrückt zu sein. Der Alte jedoch, der mir vorher in seinem tiefen Schlaf wie ein Toter vorgekommen war, schlug die Augen auf und war mir als Übersetzer gefällig: die Frau entschuldige sich, daß sie meine Sprache nicht spreche. Ich wollte ihr sagen, daß die Sprache, auf die sie Bezug nahm, nicht meine eigene, sondern geliehen war. Der Alte anerbot sich, mir weiter als Übersetzer dienlich zu sein. Ich geriet in Verwirrung (ich stellte mir vor, wie ich ihr, mit gebeugtem Knie, mittels Übersetzer meine Liebe erklären würde), wußte nicht, was ich ihr sagen sollte und sagte zum Alten nein und bedankte mich höflich bei ihm. Danach trat ein etwas gespanntes Schweigen ein. (Die Beine jedoch blieben weiter beisammen.) Der Alte schloß erneut die Augen, doch nur für ganz kurze Zeit: in Torpo angekommen, grüßte er und stieg aus.

Zwischen Torpo und Ål ließ ich meine Hand langsam auf die der Frau sinken und streichelte mit den Fingerspitzen ihren Handrücken. Mir kam es vor, als bewege sie die Augenlider. Sie drehte ihre Hand so, daß ihre und meine sich wie zwei Nußhälften zusammenschlossen, wenn wir sie drückten. Das Mädchen von gegenüber blätterte geräuschvoll in den Seiten und sah ab und zu aus dem Fenster. Plötzlich machte sie die Zeitschrift zu und legte sie auf den Nebensitz. Als sie uns beiläufig anschaute, verweilte sie zwei Sekunden auf unseren Händen, um gleich darauf diskret den Blick auf ihren Beutel zu richten, zog einen Riemen daran enger, tauchte erneut in die Seen der Landschaft ein und gähnte.

Die Dämmerung wollte nie Nacht werden. In Geilo war ein Mann mittleren Alters, in grüner Uniform, zugestiegen, der aussah wie ein Waldhüter. Meine Möglichkeiten schwanden dahin. Ich faßte einen Entschluß: ich würde, die Hand der Dame fest umklammert, aufstehen und auf den Gang hinausgehen, wo wir, wenn auch nicht sprechen, uns wenigstens leichter verständigen könnten. Das Risiko bestand jedoch darin, daß sie bei diesem Spiel nicht mitmachen wollte und etwas zu mir sagen würde, das ich nicht verstehen könnte (wohl aber die anderen Fahrgäste im Abteil). Für meine Aktion sprach der Umstand, daß die erste Initiative ja eigentlich von ihr ausgegangen war und die einzige, die ich ergriffen hatte (nämlich ihre Hand zu nehmen), nicht zurückgewiesen worden war. Es störte mich aber, daß sie die Inferiorität meiner Lage nicht bemerkte, als Fremder in einem kalten Land. Beim Spiel auf eigenem Terrain war sie es, die entscheiden mußte, was zu tun war. Oder reichte ihr das etwa schon, Händchen halten und die Beine aneinander reiben?

Ich stand auf, ihre Hand fest umklammernd. Eine Sekunde lang dachte ich, sie würde nicht aufstehn: sie sah mich überrascht an, dann lächelte sie. Sie ging mir durch die Tür voran. Wir liefen durch den Gang, bis ans Wagenende. Auf der Plattform fing sie an, ganz langsam Wörter daherzuplaudern, die sie gewiß für einfach hielt, aber mir kam das ganz norwegisch vor. (Ich sehe gerade, daß mir da kein besonders geistreicher Witz gelungen ist.) Es war offensichtlich, daß genau abgeklärt werden mußte, welches linguistische Terrain (und hier verzichte ich auf den billigen Scherz) für uns geeignet war. Silbe für Silbe buchstabierte ich ihr meine vier Möglichkeiten vor. Sie begriff mich, denn sie führte deren drei an, was auch ich begriff, zu meinem Unglück (und vermutlich auch zu ihrem), da sich keine von ihren drei mit einer von meinen vier deckte. Wie sollte ich ihr also sagen, daß ich ganz vernarrt in ihre Beine war; daß ich mir wünschte, sie zu umarmen und zu streicheln, bevor sie mir bei einem Bahnhof, den ich nicht voraussehen konnte, entschwand; daß ihr Entschluß, mein Bein zu berühren, die schönste Aufmerksamkeit war, die mir seit einer Woche zuteil geworden war? Wir küßten uns heftig (und das war der erste Kuß, den wir uns gaben: die Ouvertüre der Sinfonie), und unsere Umarmung dauerte so lang wie die Brücke, über die wir fuhren, und war zu Ende, als die Verbindungstür zum Gang aufging: das Mädchen aus unserem Abteil begab sich in den Waschraum, der sich, wie ich jetzt bemerkte, auf der Plattform befand, wo wir beide unsere Zeit vertrödelten, indem wir uns wie kleine Kinder küßten, ohne zu wesentlicheren Taten zu gelangen. Und während sich das Mädchen im Waschraum einschloß, dachte ich, daß wir nur zu warten brauchten, bis sie wieder heraus kam, um dieses Liebesnest zu genießen, das sich uns da so einladend präsentierte.

Nach zehn Minuten war das Mädchen noch immer nicht herausgekommen. Es regte mich auf, wenn ich daran dachte, welch köstlichen

Handlungen sie sich dort hingeben mochte. Ich hätte ihr das gerne angedeutet, meiner unbekannten Freundin, welche jetzt bemüht war, in jeder Sprache, die sie beherrschte, Worte (vielleicht der Liebe, leidenschaftlicher Geschlechtlichkeit) zu wiederholen, um zu sehen, ob ich sie etwa verstand; aber da half nichts: sie klangen mir alle wie Gletschergurgeln, wie Echos in einem Fjord. Und draußen vor dem Fenster verschneite Ebenen.

Eine ganze Anzahl Minuten später kam der Schaffner durch und verlangte die Fahrkarten. In der Eile hatten wir die Taschen im Abteil gelassen und mußten sie holen gehn. Der Waldhüter war nicht mehr da. Der Schaffner erledigte seine Arbeit und ging. Wir waren wieder allein. Ich hatte kaum begonnen, ihr Knie zu streicheln, als das Mädchen hereinkam. Ich dachte also, daß der Waschraum sehr wahrscheinlich wieder frei war. Ich machte den Versuch aufzustehen, aber die Dame sagte etwas und blieb sitzen. Ich machte wohl ein verlegenes Gesicht, denn das Mädchen sah sich veranlaßt, mir den Satz zu übersetzen: *»Sie sagt, daß sie bei der nächsten Station aussteigt.«*

Ich hob ihr den Koffer herunter. Der Zug hielt mit größerem Getöse als anderswo. Sie verabschiedete sich mit einem Kuß auf die Wange und fügte einige Worte hinzu. *»Sie hat gesagt«*, übersetzte das Mädchen, *»daß sie sehr bedauert, Sie nicht unter anderen, günstigeren Umständen kennengelernt zu haben.«* — *»Sagen Sie ihr, daß ich ihr das gleiche sage«*, sagte ich. Sie übersetzte es ihr. Die Dame meiner Träume lächelte und verschwand durch den Gang.

Ich setzte mich nur für ein paar Sekunden, denn sogleich sagte ich mir, daß die Welt nicht den Feiglingen gehört: ich nahm den Beutel und die Tasche und begab mich zur Tür. Das Mädchen, das dreinsah, als ob es meinen Entschluß nicht verstünde, guckte mich verdutzt an. Auf dem Bahnsteig fühlte ich mich verloren: die Frau war nicht da und auch sonst niemand. Ich betrat das Bahnhofgebäude: es war leer. Ich ging auf der hinteren Seite hinaus: da war ein Platz mit Neonschildern und ohne Leute. Zehn Meter vom Bahnhofeingang entfernt war mein Ex-Sitznachbarin, die Dame mit der lachsfarbenen Haut, und umarmte einen Mann, küßte einen kleinen Bengel und stieg in einen Volkswagen. In aller Eile machte ich kehrt: jetzt fehlte es gerade noch, daß ich den Zug verpaßte! Ich stieg ein, als er bereits anfuhr. Ich ging in mein Abteil zurück. Das Mädchen wunderte sich. Ich legte meine Tasche in die Gepäckablage und holte den Guide aus dem Beutel. Das

Mädchen stellte die Füße auf den Sitz, schlang die Arme um die Beine und lachte, während sie mich ansah, mit einem Lachen, das ich in jenem Moment in einem Sinn verstand, der sich später nicht als der richtige erwies. Sie sagte: *»Es tut mir leid, daß ich Ihren Flirt vereitelt habe, aber ich mußte mich im Waschraum verstecken, weil ich keine Fahrkarte habe.«* Und nun saß sie da, die Beine vollendet übereinandergeschlagen: parallel, vollendet, herrlich ...

Am frühen Morgen verriet sie sich zufällig: als sie ihre Zigarettenschachtel aus dem Beutel nahm, fiel ihr eine Eisenbahnfahrkarte auf den Boden. Ich tat, als ob ich aus dem Fenster schaute.

Baltasar Porcel

Das Geheimnis vom Eichenwald oder Das Pestjahr

1

Der Traktor röhrte den Eichenwald hinauf, riß mit seiner riesigen Pflugschar tiefe Wurzeln aus, umbrach die schwere, steinige rötliche Erde. Vom Eichenwald war, in einer Ecke des breiten, abschüssigen Feldes, nur noch eine Gruppe dunkler, mächtiger Eichen übrig geblieben. Der Traktor durchfurchte es, und hinter ihm türmte sich reglos die aufgewühlte Erde in frischem Karmesinrot, fast wie Samt. Serafí, der Traktorfahrer, die Mütze schräg und einen stinkenden Tabakstumpen im Mund, handhabte den Koloß mit gleichgültiger Gewandtheit.

Ich spielte auf einer Böschung mit dem Hund Zappel und schaute hin und wieder auf den Fortgang der Arbeit. Mein Vater hatte beschlossen, das Feld für die Saat kräftiger Hülsenfrüchte vorzubereiten: Linsen und Futterwicken. Das war jetzt möglich, denn die Myxomatose hatte wahrhaft großartige Abhilfe geschaffen, so daß in der ganzen Gegend kein einziges Kaninchen mehr am Leben war. Hier, in diesem entlegenen Gebiet von Son Seguí, zwischen den Bergen von Morella und Sa Font, über denen bedächtig der blaue Rabe kreiste, wäre sonst nichts gewachsen und die gierig mümmelnde Kaninchenschar hätte es sich wohl sein lassen. Mein Vater hatte mich hergeschickt, damit ich ein wachsames Auge auf die Arbeit hätte, und der Nachmittagshimmel war von feinem, milchigen Gewölk bedeckt, hinter dem sich neblig blendendes Licht verschleierte.

Aus einem Riß in den Wolken schien plötzlich grell die Sonne hervor. Ich drehte mich um und schloß die Augen und spürte, wie mich die Wärme durchströmte ... Dann machte ich sie wieder auf, und vor mir ragten gelbliche Gerippe aus der rotbraunen Erde. Ich sprang entsetzt auf: eine Halluzination war das! Doch nein, es war keine: da waren sie, ganze Gerippe, Schädel, einzelne Schienbeine, und ragten halb aus der aufgegrabenen Erde hervor.

Ich rief Serafí. Der Mann drehte sich um und machte beim Anblick der mehrfachen Erscheinung einen Satz. Und gerade vor seiner Nase erhob sich, mühselig aufgerichtet, ein vom Pflug des Traktors aufgespießtes Gerippe.

Gedankenverloren ging mein Vater tags darauf des Weges, unter dem Arm einen Hahn. Er brachte ihn der Patin, die sich von einer Grippe erholte. Ich begleitete ihn. Die Straßen des Dorfes waren heiter belebt, denn es war der Tag des heiligen Antonius: mit Papiergirlanden geschmückte Pferde und Maultiere trabten einher, welche von der Segnung kamen und zu den Häusern der Antonias zogen, wo die Reiter, welche die nervösen, glänzenden Tiere hart im Zaum hielten, ihnen zum Namenstag gratulieren und ein Glas Anislikör oder Kognak trinken wollten. Auf einmal begann der Vater ein Selbstgespräch, mit einem Anflug von Bitterkeit:

»Es kommt doch alles ans Licht auf dieser Welt ... Wieviele Jahre mag es her sein, daß der Onkel Joan-Pere Oriac gestorben ist? Sechzig vielleicht. Ich war noch klein. Er hatte keine Kinder und teilte sein Erbe unter die Neffen auf. Auf mich fiel der Eichenwald von Son Seguí ... Doch starb er wirklich? Ich weiß nicht, was du von einem Toten denkst. Aber ein Toter, der gestorben ist, sagen wir mal, und bei dem man wacht, wenn er im Sarg liegt, zwischen Kerzen, und im Morgengrauen dann gehen die Leute hinaus und machen im Zimmer nebenan ein Nickerchen im Schaukelstuhl; nachher wachen die Leute auf, trinken einen Kaffee und kehren ins Sterbezimmer zurück und wachen weiter; also das ist ein Toter. Aber beim Onkel ging das nicht so: als wir zurückkehrten, nun, da fanden wir den Sarg leer. Besser gesagt: es schlief darin zusammengerollt eine Katze. Eine rothaarige, schwanzlose Katze. Das gab einen Aufruhr, doch da der Arzt den Tod bescheinigt hatte, erklärte ihn der Notar für gültig, und wir, siehst du, teilten das Erbe. Und niemand vernahm je wieder etwas von Onkel Joan-Pere. Die Nachbarn hängten die Katze auf. Sie sagten, vielleicht sei er es, als Wiederverkörperung oder was weiß ich. Wer weiß. Früher passierten oft solche seltsamen Dinge. Nicht, daß man es so ganz geglaubt hätte, aber man zweifelte. Heute hingegen ist alles viel klarer, und ich würde sagen, daß die Katze einfach die Katze war.

Sie hängten sie auf, denn es gab viele, die Onkel Oriac haßten. Er war immer ein sehr undurchsichtiger Mensch, nach allem, was ich hab' sagen hören. Er kam als Taucher hierher, auf einem Leichter, als der Hafen ausgebaggert wurde. Von oben wurde gepumpt, und er atmete durch die Schläuche, in seinem Taucheranzug drin, mit den schweren Bleischuhen, und fuhrwerkte da unten herum. Aber fand er den Schatz? Du weißt ja, daß in alter Zeit, vor Hunderten von Jahren, so manches Maurenschiff in unsere Bucht kam..Piraten, auf Überfall. Eines Tages nun sagte Oriac, er gebe sein Handwerk auf. So, auf einmal. Die Arbeiten mußten eingestellt werden, und als der neue Taucher kam, fand er als erstes das Wrack eines alten, untergegangenen Einmasters. Und Luken und Türen erst vor kurzem aufgebrochen. Dann begann man von dem Schatz zu munkeln, weil sich Oriac nämlich nach einiger Zeit ein Haus kaufte, in dem er ein Fernrohr und ein Badezimmer einrichten ließ, stell dir vor, und nachher kaufte er sich eine Kutsche, eine hohe, violette Kutsche, die von drei Pferden gezogen wurde. Drei. Der Kutscher war ein kleiner, rotgekleideter Mohr. Doch der mußte bald fort, denn die Jungen warfen Steine nach ihm und die Frauen schlugen das Kreuz, wenn sie ihn sahen. In den Cafés redete Joan-Pere Oriac von Sternen und Trabanten, von der Rundheit der Erde, und er sagte, daß es auf dem Mond Zwergmenschen gebe, wie aus Gummi, die eine Pfeifsprache hätten, sich von Himmelsluft ernährten, alle Sprachen der Welt könnten und eine Blume zum König hätten.

Und er heiratete Tante Engràcia, eine Witwe, Schwester meiner Mutter. Ich kannte sie noch als alte Frau, als sie schon bucklig war. Aber in ihrer Jugend war sie offensichtlich ein kräftiges, schwarzbraunes Mädchen, wirklich ein wahres Prachtstück. Ihr Mann war gelähmt. Sie waren jung verheiratet, als ihr Mann am Tag des heiligen Augustin von einem Orkan mitgerissen wurde. Es wurde Sackhüpfen veranstaltet, und auf einmal wurde es dunkel und ein Orkan begann zu stürmen, der Bäume ausriß und Dächer abdeckte. Der Mann rannte sprungweise, in seinem Sack drin, und eine Windbö nahm ihn in die Höhe, wirbelte ihn über den Kirchturm und schmetterte ihn gegen die Schöpfeimer eines Wasserrads, die durch das Gewicht zu drehen anfingen und ins Wasser fuhren und damit den Kerl aus dem Sack holten. Tja, so war der Mann dann gelähmt und konnte nur noch stammeln. Joan-Pere Oriac besuchte ihn oft, und eines Morgens fand man den Behinderten tot. Man sprach von einem Schlaganfall, aber meine Mutter behauptete, sie habe am Tag der Beerdigung gesehen, wie ihre Schwester, die Witwe, in einer Ecke der Küche heimlich gelacht habe, während sie eine Tasse Schokolade trank und dazu Löffelbiskuits aß. Neuneinhalb Monate danach habe sie Joan-Pere Oriac geheiratet.

Am Tag der Hochzeit brachte Oriac einen Alten mit einem weißen Bart mit, in der Uniform eines Obersten, von dem er sagte, es sei sein Vater. Den ganzen Tag lang erzählte er von Schlachten: in der und der Schlacht, dreihundert Tote; in der und der andern, hundertdreißig. Er warf mit Namen und Zahlen um sich, kein Mensch wußte, welche Kriege und welche Orte er meinte. Am nächsten Tag trug ihn die violette Kutsche von Oriac wieder fort. Und das war's dann. Weder der Oberst noch das Fahrzeug kehrten je wieder zurück.

Damals litten wir großen Hunger auf Mallorca. Sehr großen. Die Leute wanderten aus nach Argentinien, Kuba, Frankreich. Und nach Algerien. Ja, nach Algerien ... Wann fingen Oriacs Reisen an? Jedenfalls konnte man nach und nach erfahren: Joan-Pere besaß eine Schebecke namens *La Sang*, mit der er zwischen der Insel Mallorca und Algerien Schmuggel trieb. Auf den Hinfahrten nahm er Auswanderer mit, auf den Rückfahrten hatte er Pferde dabei. Schwarze, zähe Araberpferde. Mein Vater hat einmal gesehen, wie er sie ausschiffte: Vollmondnacht am Strand von Sant Elm, die Schebecke holte längsseits, bis sie fast auf den Sand auflief; das Meer war ruhig und glänzte, bis dann auf einmal die Pferde ins Wasser zu springen begannen, wiehernd und spritzend. Das war wie eine oder zwölf lodernde Flammen aus Wasser. Und sie kamen an den Strand und galoppierten dunkel schillernd, blieben unversehens stehen und bäumten sich auf, glücklich im Gefühl der Freiheit. Die Männer fingen sie mit dem Lasso. Einst schwamm ein Pferd aufs Meer hinaus, rasch, und verschwand.

Aber da gab es auch die heimlichen Auswanderer ... Aus dem Dorf waren es wenige. Sie kamen aus andern Orten, aus der Stadt, in Reisewagen mit ganz heruntergelassener Plane, nachts; und übers Meer, in Feluken mit Lateinsegel. Es waren einzelne Männer, mit einem Bündel auf dem Rücken; ganze Familien, mit lauter Gepäck beladen; Menschen, die vor dem Ruin, den Gläubigern flohen, andere wieder, die neue Gelegenheiten suchten. Joan-Pere Oriac beförderte sie ... oder auch nicht. Es ging nämlich das Gerücht, daß manche von ihnen ihr Ziel nie erreichten: keiner sah sie je wieder, nie schrieben sie. Man munkelte, Oriac nehme ihnen alles Geld und allen Schmuck weg, den sie dabeihatten, und töte sie dann: er werfe sie ins Meer oder vergrabe sie sonst irgendwo ... Da fast die ganze Besatzung der *Sang* aus Mauren oder Franzosen bestand, blieb es dabei, bei bloßen Anzeichen und Mutmaßungen nämlich.

Frauen mit ängstlichem Blick, eingehüllt in wollene Tücher; die Kinder schlafend; schweigend, entschlossen und unruhig die Männer: nach Algerien oder wohin sie die Reise mit Joan-Pere Oriac führen würde ... Er war groß, der Onkel, mit scharf geschnittenem Gesicht, tiefen Schatten unter den Augen und die Haut um die Augen blauviolett. Er trug so einen alten Rock mit Pinguinschwanz, Frack heißt das, glaub' ich, und auf dem Kopf einen breitkrempigen Lederhut. Er pflegte oft zu lachen, lautes Gelächter folgte seinen Schritten, wie Musik.«

Der Hahn krähte, und mein Vater versetzte ihm eine Kopfnuß. Wir kamen bei meiner Patin an, die bereits aufgestanden war. In einem langen, schwarzen Morgenrock pflückte sie in dem kleinen Garten vorm Haus Zitronen. Große, gelbe Zitronen. Sie und mein Vater sahen sich schweigend an. Ich dachte an das Feld von Son Seguí und wie sich die Gerippe in der roten Erde aufrichteten.

»Ich habe eine dreitägige Andacht für die Seelen im Fegefeuer bestellt. Die der Gerippe und die von Oriac ...« sagte die Patin.

Der Vater war einverstanden. Und er begann den Hals des Hahns, der erschrocken zappelte, zu rupfen. Grüne und rote Federn, blaue Federn und schwarze. Da, in das wachsgelbe Fleisch, würde er das Messer stechen.

2

Sie brachten die Gerippe auf zwei Karren. Das ganze Dorf redete aufgeregt und entsetzt über Oriac und die Toten aus dem Eichenwald von Son Seguí, und als der Magistrat, nachdem er den Herrn Pfarrer zu Rate gezogen hatte, in ordentlicher Sitzung beschloß, daß die Knochen ins Gemeinschaftsgrab gelegt werden sollten, gingen die Leute zum Eichenwald und sahen der makabren Ernte zu. Die Karren fuhren los, und die Gerippe stießen aneinander, als die Fuhrwerke über das Straßenpflaster holperten. Dahinter folgte eine muntere Menge von Zuschauern, als ob sie auf ein Begräbnis gingen. Mein Vater und ich liefen sorgenvoll neben dem ersten Karren her.

Wir fuhren um die Tränke und sahen schwankend und nachdenklich

Hochwürden Dionís Coscolluela vorbeispazieren. Mager, schwarze Brille, blaßblaue Haut und eine abgetragene, rötliche weite Soutane, so ließ sich der Kaplan Coscolluela unter der prächtigen Palme von der Sonne bescheinen. Don Dionís ging nur um sechs Uhr morgens aus, um in der dunklen Kirche, wo in einem Winkel irgendeine Alte dösend vor sich hin betete, die erste Messe zu lesen. Nachher schloß er sich ein in seinem Haus, einem muffigen, mit Papierkram vollgestopften alten Kasten, mit dem großen Käfig, worin die Wellensittiche närrisches Zeug zusammenschwatzten. Mossèn Coscolluela arbeitete an seiner breiigen Geschichte über den heiligen Johannes von Akko und die Kreuzzüge, Saladin und den aussätzigen König von Jerusalem. Besessen wie er war, hörten ihn die Nachbarn zuweilen über Richard Löwenherz oder das kanaanäische Wunder der steinernen Bäume deklamieren.

Don Dionís drehte sich um, und die Augen quollen ihm fast über den Brillenrand, als er die Ladung Gerippe sah. Er hob einen Arm, wobei er etwas auf Lateinisch krächzte und seinen zahnlosen Mund weit aufriß. »Was ist das? Träume ich? Kommt ihr aus den unterirdischen Grabgewölben Konstantinopels?« brachte er, starr vor Staunen, lispelnd hervor.

Der Zug war stehengeblieben, und mein Vater erzählte Don Dionís die Sache mit dem Fund von Son Seguí und deutete auf Joan-Pere Oriac, den einstigen Mörder, hin. Der Kaplan hörte zu und nickte dabei nervös mit dem Kopf. Schließlich brach er in dröhnendes, rauhes Gelächter aus, das er nur dämpfte, um noch einmal zu sagen: »Das sind die Toten von 1652, dem Pestjahr!«

Wir waren alle ganz sprachlos. Die Pferde scharrten ungeduldig mit den Hufen. »Wartet«, gebot der Priester und ging ins Haus. Fast im selben Augenblick erschien er auf dem Balkon, sonnenüberflutet, ein Buch in der Hand. Von Licht umschienen wirkte Don Dionís Coscolluela noch heruntergekommener: eine altersschwache, staubige Vogelscheuche, von allen Unbilden des Wetter zerzaust. Mit brüchiger Stimme und wilden Gebärden sprach und las er:

»Wißt ihr, daß im Februar 1652, von Katalonien her, in Sòller drei Männer in einem Boot eintrafen, welche Stoffe zum Verkauf mit sich führten, und daß mit ihnen die Beulenpest, der Pestfloh eingeschleppt wurde? Die Seuche breitete sich rasch über die Insel aus, und mehr als zwanzigtausend Menschen starben. Hier, im zweiten Band der *Histo-*

ria de la baronía de los señores obispos de Barcelona en Mallorca von Rektor Don Joan Baptista Ensenyat, findet ihr das ›Verzeichnis der Toten in der Zeit des Unglücks, das Gott uns geschickt, und ihr Letzter Wille‹, ein Verzeichnis der im Dorf an der Pest Verstorbenen, welches der damalige Pfarrer, Mossèn Rafael Joan, aufgestellt hat, und die zum größten Teil im Eichenwald von Son Seguí begraben wurden, wo man einen eigenen Friedhof für die Pesttoten errichtete. Höret und ihr werdet wissen, wer diese eure Vorfahren gewesen, die eines Tages, so wie es dem aussätzigen Monarchen des Königreichs Jerusalem geschah, vom Blitz getroffen wurden, den Gott der Herr über ihnen entlud. Höret denn:

›Am 26. starb Caterina Palmera, Witwe, versehen mit allen Sakramenten, und hinterließ 15 Pfund für fromme Werke, für ihr Seelenheil.

Am 29. starb Antonina Joan, ledig, Tochter des Jordi Joan, der sie im Eichenwald von Son Seguí bestattete. Sie spendete nicht für fromme Werke, denn sie war arm.

Und Baltasar Sbert, der Weisung gab, sein Vater möge für ihn der Jungfrau vom Rosenkranz so viele Messen lesen lassen, wie ihn gut dünke.

Und am 30., um zwei Uhr früh, wurde ich zur Letzten Ölung zu Quel Alemany von Son Seguí gerufen, von einer seiner unverheirateten Töchter, Francina geheißen, und als wir auf dem Pla de Sa Font waren, hörten wir schreien, und wir fanden Quels Frau tot, voller Eiter, und er begrub sie hinten im Eichenwald, neben einer Eiche mit bitteren Früchten.

Das Ereignis von Sa Font war etwas sehr Trauriges, denn es starben alle, und am Montag ging ich und nahm der Frau die Beichte ab, die mit dem Kindchen auf dem Arm ans Tor kam, und die Beinchen des Kindes waren voller Eiter, und am Dienstag war Meister Mateu bereits angesteckt, und er blieb mehr als eine Stunde unter der Weinlaube, wo er seine Sünden beichtete und fromme Schenkungen machte. Auf einmal rief die Frau, und ich ging ins Haus, bis ins Schlafzimmer, fand sie aber nicht, und mit einem brennenden Kienspan suchte ich sie, und sie war in einem verschlossenen Hinterzimmer, in dem es stinkig roch, und ich gab ihr die Kommunion, und da kam Meister Mateu und bat mich unter Tränen, ich möge ihm die Letzte Ölung geben, und ich gab sie ihm, und am Nachmittag hatten sie die beiden Kinder, voll von

Flohstichen, im Eichenwald begraben. Und anderntags ging ich wieder hin, und Meister Mateu stand nackt am Tor zur Mühle und konnte kaum noch sprechen und bettelte um frisches Wasser, und an der Haustür seine Frau, im Nachthemd und das kleine Kind auf dem Arm, das in den letzten, fieberheißen Zügen lag, die starben dann sofort. Und Meister Mateu lief davon und starb, an den Stamm eine Johannisbrotbaums geklammert, und ... ‹«

Der Stein schlug gegen die Brust von Don Dionís, der verwirrt stillschwieg. »Schweig endlich, alter Geißbock!« schrie eine Stimme, und ein Chor beipflichtender Rufe wurde laut, aus dem bald wirres Geschrei und Unruhe im Wagengeleit entstand. Mein Vater und ich sahen uns an, ohne etwas zu begreifen. Der Kaplan versuchte seine Vorlesung wieder aufzunehmen, doch die Leute schrien ihn nieder. Einige von ihnen machten sich eilig davon. Schnell hatte der Aufruhr die Karren umzingelt. Vadell, Mitglied des Gemeinderats, ließ sich über den Tumult vernehmen: »Nein, der Gemeinderat hat beschlossen, sie zu begraben!« Und einer der Fuhrleute ließ einen gewaltigen Peitschenhieb auf Vadell niedersausen und brüllte ihn an: »Ja, damit aus diesen Teufelsknochen eines Tages wieder die Pest ausbricht«! Vadell wurde beiseite gestoßen, und die Karren fuhren in entgegengesetzter Richtung, bergabwärts, fort, um sie herum eine schreiende Menge.

Zurück blieben der blutende Vadell und mein Vater und ich, stumm, unter dem Balkon, wo Don Dionís mit gebeugtem Rücken und hängendem Kinn zusammenhangloses Zeug vor sich hin brabbelte. Und schauten alle, wie der tolle Haufe den Weg zum Friedhof verließ und zum Fußballplatz hinunterzog. Dort wurden die Gerippe abgeladen, mit Benzin übergossen und angezündet: die gierigen Flammen fraßen sich mit trockenem Knistern voran. Orangefarbene Flammen, steil in die stille Atmosphäre aufsteigend.

Wir gingen nach oben, um Kaplan Coscolluela zu trösten. In einem Zimmer mit Stapeln von Büchern, losen Papieren, Entwürfen zum heiligen Johannes von Akko und Landkarten von Palästina setzte sich Don Dionís vor ein erloschenes kupfernes Kohlebecken, das vom Rost ganz grün war. Im Hintergrund schwatzten, wie zeremoniöse, lächerliche Männchen, die Wellensittiche und sprangen dabei auf ihren winzigen Schaukeln herum. Don Dionís trank ein Gläschen Pfefferminzlikör, und eine Zeitlang schwiegen wir alle still. Es roch nach Schweiß, abgestandener Luft und nach feuchtem Papier an diesem Ort.

Nach einiger Zeit entsann sich der Vikar: »Kurz nachdem ich die Priesterweihe empfangen hatte, hatte ich mit eurer Tante Engràcia zu tun, der Frau dieses Oriac. Sie war bucklig, doch ihre Augen, die leuchteten! Sie wollte die Beichte, da sie bald sterben würde, wie sie sagte. Ich versuchte ihr das auszureden, aber sie nahm mich beim Arm und ließ mich nicht enden. Wir gingen in eine dunkle Kammer. ›Hier sollen Sie mir die Beichte abnehmen‹, sagte sie. Dann zündete sie eine nach der andern die Kerzen eines Kandelabers an: ich erschrak und wäre fast davongelaufen, denn je mehr Kerzen sie anzündete, um so mehr sah ich um uns herum lange Korridore mit Menschen darin, genau gleich wie sie und ich. Sie lachte, die bucklige Dame, und hieß mich die Wände betasten: es waren Spiegel. Lauter Spiegel. Darauf holte sie drei Gummibälle hervor und ließ sie hüpfen: tausend Bälle sprangen, in alle Richtungen. ›Fangen Sie sie, fangen Sie sie!‹ lachte sie, und ich versuchte es, aber ich fiel hin und saß ganz schwindelig da, ohne zu wissen, wo ich mich hinwenden sollte. ›Nehmen Sie mir hier die Beichte ab‹, sagte sie. Und das tat ich, wenn ich auch kaum etwas von dem verstand, was sie mir sagte. Ich erteilte ihr jedoch die Absolution, denn meine Aufgabe war Vergeben und nicht Verstehen.

Eine Woche später ließ sie mich holen, um das Sterbesakrament zu empfangen. Ich fand sie mitten im Spiegelzimmer lächelnd im Bett liegen. ›Kommen Sie näher‹, rief sie mir zu, und ich verfehlte ein paar Mal die Richtung, bis ich gegen das Bett stieß. Da war sehr viel Licht, unzählige Kerzen, und nachher erzählte man mir, daß sie, da sie lächelte und die Kerzen einen so intensiven Wachsgeruch verströmten und die Spiegel die Ordnung der Welt veränderten, also daß sie ein paar Tage tot war, ohne daß jemand davon erfuhr, vervielfacht, beleuchtet ...

Joan-Pere Oriac sah ich nur flüchtig, für ein paar Augenblicke, wie er am Ende eines dunklen Ganges kerzengerade im Finstern saß.«

Wir gingen nach Hause. Der Abend war hereingebrochen, rötliche Dämmerung, erfüllt von fernen, deutlichen Geräuschen. Fledermäuse und Nachtvögel begannen im Schutz der ersten schwachen Schatten hin und her zu fliegen. Mein Vater zuckte die Achseln, zündete eine Zigarette an und dachte laut: »Dieses Jahr wollen wir Erbsen ansäen, im Eichenwald von Son Seguí; werden ja sehen, was daraus wird.«

Anmerkungen der Übersetzerin

S. 7 *Der Terreno*: Stadtviertel von Palma de Mallorca, im Westen der Bucht am Meer gelegen, war bis in die Mitte der zwanziger Jahre eine touristische Kernzone. Den Charakter einer Sommerfrische verlor er endgültig 1932.

S. 8 *Ciutat de Mallorca*: Palma de Mallorca, oft auch einfach nur Ciutat, also *die* Stadt der Insel schlechthin.

S. 8 *Teatre Principal*: *das* Theater Palmas. Der Bau aus der Mitte des 19. Jahrhunderts wurde später in ein Kino umgewandelt.

S. 8 *Serafín (1871–1938) und Joaquín (1873–1944) Álvarez Quintero* (Utrera / Sevilla – Madrid): spanische Dramatiker. Ihre volkstümlichen Stücke und Possen schildern mit viel Lokalkolorit Sitten und Gesellschaft.
Diese und die weiter unten angeführten Verse im Original spanisch.

S. 12 *Albaicín*: Ältester Stadtteil von Granada und traditionell ein Zigeunerviertel.

S. 17 *Emilia Gräfin von Pardo Bazan* (La Coruña 1851–Madrid 1921): die produktive, weitgereiste Schriftstellerin trat vor allem mit naturalistischen Romanen und Erzählungen hervor. 1916 wurde an der Madrider Universidad Central ein Lehrstuhl für romanische Literatur für sie geschaffen.

S. 25 *Eugenia de Montijo* (Granada 1826–Sevilla 1920): die Tochter des spanischen Grafen von Montijo wurde als Frau Napoleons III. Kaiserin der Franzosen.

S. 31 *Jaume Salvador* (Barcelona 1949–1740): bedeutender katalanischer Naturwissenschaftler, der sich besonders als Botaniker einen Namen gemacht hat. Auf seinen Reisen durch Spanien und Frankreich sammelte und bestimmte er zahlreiche Pflanzen.

S. 86 Das (spanische) Wort »golondrinas« – Schwalben – bezeichnet in Barcelona kleine, für Hafenrundfahrten bestimmte Dampfer.

S. 88 Die hier und weiter unten in entsprechendem Zusammenhang erwähnten Örtlichkeiten befinden sich im Zentrum von Palma de Mallorca, dem alten Viertel in enger und weiterer Umgebung der Kathedrale.

S. 97 *Sobrassada* und *ensaimada* sind mallorkinische Spezialitäten, ersteres eine besonders gewürzte Streichwurst, letzteres spiralförmig gerolltes Blätterteiggebäck.

S. 97 *Nova Cançó* = das neue Lied. Eine in der zweiten Hälfte der fünfziger Jahre einsetzende (heute noch existierende) musikalische Bewegung, die dem katalanischen Lied neue Impulse gab, neue Wege aufzeigte und so wesentlich zum Identifikationsprozeß einer jüngeren Generation beitrug. Die Gruppe der Setze Jutges (= Die sechzehn Richter), zu der sich damals sechzehn aktive Sänger zusammenschlossen, wurde 1961 gegründet. Zu ihr gehörten die erwähnten Raimon (Raimon Pelegero i Sanchis), Guillermina (Guillermina Motta) und Serrat (Joan Manuel Serrat). Im Chemischen Institut in Sarrià – ein Viertel Barcelonas, in welchem der Dichter und Essayist Josep Vicenç Foix (er ist der Verfasser des 1927 erschienenen lyrischen Prosawerks *Gertrudis*) lebte – hatte u.a. Raimon mehrere Auftritte.

S. 98 *CCOO*: *Comissions Obreres* (Arbeiterkomitees); *PSUC*: *Partit Socialista Unificat de Catalunya (Kommunistische Partei Kataloniens).*

S. 102 Les Històries Naturals: ein Roman Joan Peruchos, erschienen 1960.

S. 129 *La Sang*: Das Blut.

S. 132 *Joan Baptista Enseñat* (auch: *Ensenyat*) *i Morell* (Sòller 1854–Barcelona 1922): Journalist, Historiker und Dramatiker. Das vorliegende – wie seine übrigen Arbeiten auf spanisch geschriebene – zweibändige Werk erschien 1919/20.

Àlex Broch

Nachwort

Mit dieser Anthologie stellen wir deutschen Lesern eine Literatur vor, die bislang in Frankreich und den USA viel, im deutschen Sprachgebiet jedoch kaum Beachtung gefunden hat. Nur vereinzelt erschienen bis heute Übersetzungen weniger Autoren, die in katalanischer Sprache schreiben. Von Merçè Rodoreda liegen ein Band Erzählungen und zwei Romane vor, von Salvador Espriu sind zwei Gedichtbände veröffentlicht worden, Anthologien katalanischer Erzähler und Dichter erschienen 1978 bzw. 1987. Von J.V. Foix sind für 1988 zwei Gedichtbände angekündigt, in Vorbereitung sind Übersetzungen von Perucho, Villalonga und Calders. Damit ist die Aufzählung der deutschen Übersetzungen katalanischer Autoren fast vollständig.

Daß bislang diese Literatur so wenig bekannt ist, ist ein Ergebnis politischer und historischer Wechselfälle, die bereits fast vergessen sind. Die Literatur katalanischer Sprache ist, zusammen mit der galizischen, baskischen und spanischen eine der vielen Literaturen, die gemeinsam die Kulturlandschaft Spaniens bilden. Die aus dem spanischen Bürgerkrieg hervorgegangene Diktatur des General Franco versuchte, nach außen und nach Möglichkeit auch im Inneren, die kulturelle und auch nationale Differenziertheit Spaniens zugunsten eines »einzigen« Spanien, zugunsten der Idee der »Hispanidad« zu ersticken. Erst mit der Entwicklung der Demokratie nach dem Tode Francos und der neuen Verfassung von 1978 wurde eine Wirklichkeit offiziell anerkannt, die u.a. darin besteht, daß in Spanien mehrere Sprachen gesprochen und auch geschrieben werden. Erst von diesem Zeitpunkt an wurde es möglich, die Literaturen, die in einer anderen als der spanischen Sprache sich ausdrücken, zu fördern, Übersetzungen anzuregen, ihre Vertreter im In- und Ausland bekanntzumachen.

Zehn Jahre sind dafür eine kurze Zeit; und so ist uns Katalanen bewußt, schmerzlich bewußt, daß wir uns noch immer mit grundlegenden Daten und Informationen vorstellen müssen. Der katalanische Sprachraum umfaßt ein Gebiet, das größer ist als die Staatsfläche Belgiens. Am Mittelmeer gelegen, reicht es von den nördlichen Pyrenäenausläufern im Roussillon bis zur Provinz Alicante im Süden und schließt die balearischen Inseln mit ein. Katalanisch wird – mit regionalen Varianten – von 6 Millionen Menschen als Muttersprache gesprochen: in Katalonien, Andorra, Valencia und auf den Balearen. Katalonien mit seiner Hauptstadt Barcelona feiert 1988 sein 1000jähriges Bestehen als Nation. Tausend Jahre, in denen ein Volk mit eigener Sprache und Kultur zu einem nationalen Selbstverständnis gelangte, das allen Schwierigkeiten zum Trotz die Erhaltung des Katalanischen nicht nur als Umgangs-, sondern auch als Literatursprache ermöglichte. Die hier vorgestellten Texte belegen, daß die katalanische Literatur lebendig geblieben ist und einen Vergleich mit anderen europäischen Literaturen nicht zu scheuen braucht.

Die vorliegende Anthologie umfaßt einen größeren Zeitabschnitt des 20. Jahrhunderts, die literarische Produktion nach dem Spanischen Bürgerkrieg (1936-39), jenem Ereignis, das nicht nur eine historische Grenze darstellt, sondern auch einen starken Einbruch in der Entwicklung der katalanischsprachigen Kultur zur Folge hatte. In diesen Zeitabschnitt fällt die Literatur verschiedener »Generationen«. Es sind zunächst jene Autoren, die schon vor 1936 hervorgetreten waren und zur sogenannten »Generation der Republik« gezählt werden. Sie wird hier vertreten durch Llorenç Villalonga (1897-1980), Merçè Rodoreda (1909-1983), Pere Calders (1912) und Salvador Espriu (1913-1985). Eine weitere Gruppe bilden die Autoren der »Generation der 50er Jahre«, die den Bürgerkrieg während ihrer Jugend oder ihrer Kindheit erlebten. Deren erste Veröffentlichungen fallen in die späten 40er und vor allem in die 50er Jahre. Zu ihr werden gerechnet: Maria Aurèlia Capmany (1918), Manuel de Pedrolo (1918) und Joan Perucho (1920). Zwischen dieser Generation und den nach dem Bürgerkrieg geborenen Autoren stehen Miquel Àngel Riera (1930) und Baltasar Porcel (1937), die den Übergang zu der jüngsten Generation ankündigen, die in dieser Anthologie von Carme Riera (1948) und Quim Monzò (1952) vertreten wird. Diese »Generation der 70er Jahre« stellt innerhalb der katalanischen Gegenwartsliteratur die bislang letzte, bereits akzeptierte Gruppe dar.

Folgt man dieser Einteilung, haben wir also drei »Generationen« vor uns: die der Republik, die der Nachkriegszeit (oder der 50er Jahre) und die der 70er Jahre. Als die bedeutendsten, in den 50er und 60er Jahren veröffentlichten Werke sollen hier genannt werden: »Bearn« (1962) von Villalonga (deutsche Übersetzung in Vorbereitung), »La plaça del diamant« (1962) (deutsch »Auf der Plaça del Diamant«) und »Mirall Trencat« (1974) (»Der zerbrochene Spiegel«) von Rodoreda, »Cròniques de la veritat oculta« (1955) von Pere Calders, »Un lloc entre els morts« (1967) von Maria Aurèlia Capmany, »Totes les bèsties de càrrega« (1967) von Manuel de Pedrolo und »Llibre de cavalleries« (1957) sowie »Les històries naturals« (deutsche Übersetzung in Vorbereitung) (1960) von Joan Perucho. Unter den noch lebenden Autoren haben vor allem Pere Calders und Joan Perucho in Bezug auf Publikumserfolg und literarischer Anerkennung den Platz eingenommen, den Villalonga, Rodoreda oder Espriu vor ihrem Tod innehatten.

Die von Miquel Àngel Riera, Baltasar Porcel und den jüngsten, hier vertretenen Autoren gebildeten Gruppe ist naturgemäß die literarisch aktivste und bemüht um thematische Erneuerung. Während die Autoren der älteren Generationen noch von Erfahrungen wie dem Bürgerkrieg, dem Exil oder der unmittelbaren Nachkriegszeit stark beeinflußt wurden, brechen die Autoren der 70er Jahre diesen referentiellen Rahmen auf und wenden sich weniger traumatisch besetzten Themen zu. Zwar kann sich auch diese jüngere Generation nicht völlig von ihrer Jugenderfahrung lösen, so daß ihre Erzählungen — die oft, besonders in den Anfängen, noch stark autobiographische Züge tragen — die Gespenster einer Zeit widerspiegeln, gegen die sie sich mit ihrem Werk auflehnen. Dennoch berücksichtigen sie auch andere Fragestellungen, die in den 70er Jahren aktuell waren, sei es auf dem Gebiet der formalen Erneuerung der Erzählkunst, sei es durch die Einbeziehung universeller Tendenzen dieser Epoche. Als Beispiel dafür kann die Entstehung einer Literatur mit feministischen Zügen angesehen werden.

Wenn diese Anthologie mit zwei Vertretern der letztgenannten »Generation der 70er Jahre« abschließt, so bedeutet dies nicht, daß die jüngste Entwicklung ignoriert werden soll. Um dem Leser zumindest einen kleinen Einblick in die heutige Situation der katalanischen Gegenwartsliteratur zu geben, sei an dieser Stelle erwähnt, daß bereits jetzt, gegen Ende der 80er Jahre, genügend Indizien vorliegen, die auf eine neue Autorengeneration hinweisen. Es sind dies die Schriftsteller, die, in den 60er Jahren geboren, während der Übergangsperiode zur Demokratie heranwuchsen. Ein großer Teil von ihnen zeigt Interessen und Neigungen, die zu einer freieren und von den Konflikten, die die älteren Generationen erfaßt und beeinflußt hatten, entfernteren Etappe gehören. Diese Autoren orientieren sich an einer Zukunft, die bald Wirklichkeit werden und in die 90er Jahre fallen wird. Ihre Literatur vorzustellen wird Aufgabe weiterer Anthologien und Übersetzungen sein.

Nachdem der zeitliche Rahmen grob abgesteckt wurde, in dem die Entwicklung der Literatur in katalanischer Sprache von 1939 bis heute stattfindet, soll zuletzt auf die Überlegungen eingegangen werden, die der hier vorgestellten Auswahl zugrundelagen. Es wurde der Versuch unternommen, ein Auswahlprinzip anzuwenden, das einerseits die Vielfalt erzählerischer Formen zu erfassen erlaubte, andererseits die in einer Literatur erst in der Zusammenschau erkennbar werdenden Gemeinsamkeiten widerspiegelte. Die hier vorgestellten Texte sollten gleichzeitig die Bedingung erfüllen, einen Einblick zu geben in das Werk jedes einzelnen Autors und einige ihrer besonderen stilistischen und thematischen Eigenheiten zu zeigen.

In Villalongas Erzählung »Julieta Récamier« projiziert der Ich-Erzähler die Erinnerung an die Vergangenheit, vom Namen einer Gestalt aus Chateaubriands »Mémoires d'outre-tombe« ausgehend, auf die Erscheinung der Julieta Tassin. Es ist das Eintauchen in die Welt der untergegangenen Aristokratie, in eine unwiderruflich vergangene Zeit, und der Versuch, sie auf proustsche Art durch die Erinnerung zu vergegenwärtigen, das einen großen Teil des Werks von Villalonga kennzeichnet, insbesondere den großen Roman »Bearn«. Die Empfindsamkeit Merçè Rodoredas bei der Schaffung weiblicher oder kindlicher Charaktere, die ihrer Umwelt mit einem Gefühl der Wehrlosigkeit oder des Ausgeliefertseins begegnen, kommt in der Charakterisierung der Protagonistin in der Erzählung »Das Huhn« zum Ausdruck. Ähnlich wie die Tauben für Colometa, der Protagonistin des Romans »La plaça del diamant«, eine obsessive Bedeutung erhalten, gerät das Huhn aus der Perspektive eines kleinen Mädchens zur Metapher einer Welt, der sie nur Ablehnung und Ekel entgegenbringen kann. In »Der Fluß und das Boot« dagegen finden wir ein Beispiel jener Metamorphosen, die in vielen Erzählungen dieser Autorin wiederkehren.

Der Welt des Außergewöhnlichen und des Wunderbaren im Alltag begegnen wir ebenfalls in den beiden Erzählungen von Pere Calders, die aus dem Band »Cròniques de la veritat oculta« stammen. Die gängige Auffassung von Wirklichkeit als dem rein Faktischen wird mittels Überblendungen von Raum, Zeit und Personen relativiert und in ihrer Eindimensionalität erfahrbar gemacht. Der Tod und die Vergänglichkeit, Kennzeichen der großen Lyrik Salvador Esprius, stehen im Hintergrund der zwei Erzählungen dieses Autors. In »Tereseta-immer-die-Treppen-herab« wird eine Treppe zum Schauplatz der Stationen eines menschlichen Lebens, zum Zeugen der verrinnenden Zeit.

Maria Aurèlia Capmany wählt in der Erzählung »Das Geländer, der Zitronenbaum und das Meer« eine ähnliche Vision. Auch hier schwebt die Erfahrung der Vergängnis und des Todes über der Idylle einer Küstenlandschaft, die von dem Meer beherrscht wird. Wie Manuel de Pedrolo zollt Maria Aurèlia Capmany dem Existentialismus und dem Theater des Absurden, deren Einfluß auf die europäische Kultur der 40er und 50er Jahre besonders intensiv war, ihren Tribut. Pedrolo beschreibt in »Anfängliche Hoffnung« eine Situation, in der zwei Menschen in Gegenwart der Leiche eines Unbekannten zueinander in Beziehung treten. Sobald der fremde Körper verschwindet, löst sich ihre Beziehung auf und sie trennen sich. Joan Perucho betreibt in den ausgewählten zwei Erzählungen ein literarisches Spiel, bei dem er reale Autoren und deren Romangestalten aufeinandertreffen läßt. Die phantasievolle Verschmelzung von Fiktion und Wirklichkeit kennzeichnet den größten Teil seines Werkes, ebenso wie die zugrundeliegenden Genres, der Detektivroman und der phantastische Roman, die literarischen Vorlieben dieses Autors wiedergeben.

Miquel Àngel Riera läßt in der Erzählung »Der zweite Tod« den Terror einer Situation erstehen, die sich leider zu oft in der spanischen Nachkriegszeit wiederholte. Innerer Monolog und äußere Situation bilden ein untrennbares Ganzes. Baltasar Porcel nimmt in »Das Geheimnis vom Eichenwald«, das zum Erzählzyklus über seinen Heimatort Andratx (Mallorca) gehört, eine der vielen Legenden zum Anlaß, um die Gewalttätigkeit und den tief verwurzelten Aberglauben der Bevölkerung eines ländlichen Gebiets zu schildern.

Ein Beispiel für die literarisch gelungene Behandlung eines so komplexen Themas wie das der Konflikte in einer Paarbeziehung, das im Mittelpunkt der Literatur vieler jüngerer Autorinnen steht, gibt Carme Rieras Erzählung »Und laß als Pfand, mein Liebling, dir das Meer«. Sie erzählt die Geschichte einer ersehnten und von äußeren Zwängen verhinderten Liebe aus der Perspektive einer jungen Frau. Ein verwandtes Thema greift schließlich Quim Monzò in der Reiseerzählung »Die Lachsdame« auf. Mit der ihm eigenen Ungezwungenheit und Ironie beschreibt er die Abenteuer des Alleinreisenden in einem nordischen Land, dessen Wünsche und Erwartungen an die mitreisende Dame nicht nur aufgrund von Sprachproblemen unerfüllt bleiben.

Eine Erzählung, die stellvertretend für ein literarisches Werk steht, ist wie ein einziges Bild, das das Werk eines Malers repräsentieren soll. Um dieses Werk kennenzulernen, müßte die Entwicklung der einzelnen Bilder verfolgt werden, die in der Retrospektive ein Ganzes bilden, in dem die Welt eines Künstlers aufgehoben ist. Eine einzelne Erzählung ist nur ein Abschnitt in einer Folge und ein einzelner Autor wiederum nur ein Teil eines größeren Werkes, wie es in ihrer Gesamtheit die kulturelle und literarische Tradition eines Volkes darstellt. Diese Anthologie kann nur einen kleinen Einblick in einige solcher Abschnitte geben. Vielleicht gelingt es aber, und dies wäre ein Erfolg, den einen oder anderen Leser neugierig zu machen auf das, was die katalanische Gegenwartsliteratur für ihn bereithält. Wenn dieses Interesse geweckt ist, wird er sich davon überzeugen können, wie breit das Spektrum einer Literatur ist, von der wir hier nur eine Kostprobe reichen können.

Zu den Autoren

Maria Aurèlia Capmany (Barcelona, 1918)
Schreibt Romane, dramatische Werke und Essays. Nach dem Besuch der Montessori-Schule in Barcelona studierte sie Philologie und arbeitete als Lehrerin. 1947 wurde ihr erster Roman *Necessitem morir* veröffentlicht. Zwei Jahre später gewann sie den Literaturpreis »Joanot Martorell« mit *El cel no és transparent*, ein Roman, der 1963 überarbeitet und unter dem Titel *La pluja als vidres* neu erschien. Nach längeren Aufenthalten in Italien und Frankreich gründete sie zu Beginn der 60er Jahre zusammen mit Ricard Salvat die »Escola d'Art Dramàtic Adrià Gual« (Schule für dramatische Kunst Adrià Gual), die für das katalanische Nachkriegstheater von großer Bedeutung war. Hier war sie als Lehrerin, Schauspielerin und Autorin tätig. Nach der Veröffentlichung einer langen Reihe von Romanen wie *L'altra ciutat* (1955), *Betúlia* (1956), *Tana o la felicitat* (1956), *Ara* (1958) und *Traduït de l'americà* (1959) trat sie mit Erzählungen an die Öffentlichkeit, die 1980 in dem Band *Coses i noses* gesammelt erschienen. Einer ihrer wichtigsten Romane ist *Un lloc entre els morts*, der 1967 den Literaturpreis »Sant Jordi« erhielt. Neuere Romane sind: *Feliçment, jo sóc una dona* (1969), *Vitrines d'Amsterdam (1970), Quim/Quima* (1971) und *El jaqué de la democràcia* (1972), mit dem ihr ein zwischen Kriminalroman und politischer Fiktion angesiedeltes Werk gelang. Zu ihrem Werk gehören außerdem zahlreiche Essaysammlungen und Memoiren, Übersetzungen und journalistische Arbeiten.

Das Geländer, der Zitronenbaum und das Meer (»La barana, el llimoner i el mar«) entstand 1958 und erschien 1980 in *Coses i noses.*

Pere Calders (Barcelona, 1912)
Romancier und Erzähler. Studierte an der »Escola Superior de Belles Arts« (Hochschule für Bildende Kunst). Arbeitete als Journalist und Zeichner bei mehreren Zeitungen während der Republik. 1936 erschien *El primer arlequí*, ein Erzählband, der die Stilmerkmale späterer Werke vorwegnimmt. Nach dem Bürgerkrieg mußte Calders Spanien verlassen und ins mexikanische Exil gehen, das 23 Jahre andauerte. Er war als Mitarbeiter von Zeitschriften wie »Punt Blau« und »La Nova Revista« tätig, die von den Exilkatalanen in Mexiko herausgegeben

wurden. Mit *Cròniques de la veritat oculta* gewann er den Erzählerpreis »Victor Català« des Jahres 1955. In *Gent de l'alta vall* (1957) und in dem Kurzroman *Aquí descansa Nevares* (1967) verarbeitete er mexikanische Themen. Nach *Demà a les tres de la matinada* (1963) folgten die Romane *L'ombra de l'atzavara* (1964) und *Ronda naval sota la boira* (1966). 1968 erschien sein erzählerisches Werk unter dem Titel *Tots els contes* versammelt. Die Erzählkunst von Pere Calders zeichnet sich aus durch die Einbeziehung imaginativer und phantastischer Elemente, wodurch die dargestellte Wirklichkeit eine ironische Verfremdung erfährt.

Die Erzählungen *Der Lichtstreifen und der Wunsch* (»La ratlla i el desig«) und *Seltsame Vorsehung* (»Coses de la providència«) entstanden 1947 und 1955. Sie sind dem Band *Cròniques de la veritat oculta* entnommen.

Salvador Espriu (Santa Coloma de Farners, 1913–1985)
Dichter, Erzähler und Dramatiker. Verbrachte Kindheit und Jugend zwischen Barcelona und Arenys de Mar, das er später in den Zyklus von Sinera (Arenys in inverser Schreibung) verwandelte. Studierte Rechtswissenschaft und Alte Geschichte. Vor dem Bürgerkrieg schrieb er Erzählungen, die sich im Stil von der herrschenden Mode des »Noucentisme« unterschieden: *El doctor Rip* (1931), *Laia* (1932), *Aspectes* (1934), *Miratge a Citerea* und *Ariadna al laberint grotesc* (1935). Espriu entwirft eine Welt, in der der Tod, der Kampf gegen das Schicksal und der Ort Sinera allgegenwärtig sind, und die mit Hilfe einer grotesken, aber stets realistischen Prosa beschrieben wird. In der Nachkriegszeit widmete er sich dem Theater und der Lyrik, die ihm die größte Anerkennung verschaffte. 1939 entstand *Antígona*, ein Stück, das die Folgen des Bürgerkrieges behandelt. 1955 wurde es veröffentlicht und 1959 uraufgeführt. 1948 erschien *Primera història d'Esther*, eine Puppenfarce, die 1957 auf die Bühne gebracht wurde und als eines der bedeutendsten Stücke Esprius angesehen wird. Die Adaptation anderer lyrischer Texte Esprius mündete in der Aufführung von *Ronda de mort a Sinera*, dem 1978 *Una altra Fedra, si us plau* folgte. Der lyrische Zyklus wurde 1946 von *Cementiri de Sinera* eingeleitet, es folgten *Les cançons d'Ariadna* (1949), *Les hores* (1952), *Mrs. Death* (1952), *El caminant i el mur* (1954) und *Final del laberint* (1955) (deutsch: »Ende des Labyrinths«, 1986). 1960 erschien *La pell de brau* (deutsch: »Die Stierhaut«,

1985), hinter dem sich eine Reflexion über den Zustand Spaniens, das in den Mythos von Sepharad verwandelt wird, verbirgt. Nach 1968 erschien eine Reihe von Gedichtbänden in mehreren Auflagen, die von dem Autor immer wieder erweitert und aktualisiert wurden. Esprius Werk enthält eine Reflexion über den Menschen als Individuum und als soziales Wesen, in der die Eigentümlichkeiten der Katalanen Eingang finden.

Die Erzählungen *Tereseta-immer-die-Treppen-herab* (»Tereseta-que-baixava-les-escales«) und *Mariàngela vom Kräuterladen* (»Mariàngela l'herbolària«) entstanden 1935 und 1950.

Quim Monzó (Barcelona, 1952)
Erzähler, Romancier und Übersetzer. Monzó war als Graphiker und als Journalist tätig, während er gleichzeitig als Übersetzer arbeitete. Innerhalb der katalanischen Kultur sticht er als eine der kritischsten Persönlichkeiten hervor, die bei einer großen Zahl von Lesern Interesse erregt. Als Schriftsteller trat er erstmals mit dem Roman *L'udol del griso al caire de les clavegueres* (1976) auf, der mit dem Literaturpreis »Prudenci Bertrana« ausgezeichnet wurde. Der Roman, der einen Reisenden als Protagonisten hat, beschreibt die Oppositionshaltung der Jugend gegenüber dem Franco-Regime in den 60er und 70er Jahren. Danach veröffentlichte er in Zusammenarbeit mit Biel Mesquida den Erzählband *Self-service* (1977). Anschließend begann er eine Reihe von Erzählungen zu verfassen, die ihn als einen der wichtigsten Erneuerer der neuen Generation ausweisen. Dies trifft insbesondere auf die Behandlung der Themen und der Psychologie der Protagonisten zu. Seine Bücher sind: *Uf, va dir ell* (1978), ... *Olivetti, Moulinex, Chaffoteaux et Maury* (1980) und *L'illa de Maians* (1985). Darin zeigt sich nicht nur eine kritische und ungezwungene Vision der Gegensätze und Widersprüche der Gesellschaft der Gegenwart, sondern auch des Verhaltens ihrer individuellen Vertreter. In seinen Erzählungen taucht oft das Thema der Erwartungen und der Spaltung der Persönlichkeit auf. 1983 erschien sein zweiter Roman *Benzina*, in dem die Motivationskrise eines Künstlers im Mittelpunkt steht. Seine journalistischen Arbeiten erschienen in Buchform unter den Titeln *El dia del senyor* und *Zzzzzzz....*

Die Erzählung *Die Lachsdame* (»La dama salmó«) erschien 1980.

Manuel de Pedrolo (L'Aranyó, 1918)
Romancier, Dichter, Dramatiker und Essayist, studierte in Tàrrega und in Barcelona, wo er seit 1943 lebt. Sein erstes Buch, der Lyrikband *Ésser en el món* (1949), spiegelt den Einfluß der Metaphysik in seinem Denken. Diese Neigung kommt auch in seinen dramatischen Werken zum Ausdruck, in denen die Themen des Todes, der Freiheit und der menschlichen Kommunikation das Zentrum bilden: *Cruma* (1958), *Homes i No* (1959), *Tècnica de cambra* (1961), *Darrera visió fins ara* (1963) oder *Situació bis* (1964). Pedrolo ist aber vor allem Romancier. Sein Romanwerk ist möglicherweise das umfangreichste, das jemals von einem Autor in katalanischer Sprache geschrieben wurde. So findet man bei ihm das größte Angebot an Stilen, Themen und Techniken in einem Werk angelegt, in dem die Verteidigung der Freiheit die einzige Konstante bildet. Zu seinen bekanntesten Titeln gehören: *Es vessa una sang fàcil* (1954), *Balanç fins a la matinada* (1963), *Cendra per Martina* (1965), *Avui es parla de mi* (1966), *M'enterro en els fonaments* (1967), *Un amor fora ciutat* (1970), *Si són roses floriran* (1971) und *Cops de bec a Passadena* (1972). Den größten Erfolg erzielte er aber mit *Totes les bèsties de càrrega* (1967). Pedrolo hat alle bedeutenden Literaturpreise, zuletzt auch als erster Romancier den Ehrenpreis der katalanischen Literatur (1979) erhalten.

Anfängliche Hoffnung (»La primera il·lusió«) erschien zuerst in dem Band *Crédits humans* (1957).

Joan Perucho (Barcelona, 1920)
Dichter, Erzähler, Romancier und Kunstkritiker. Studierte Rechtswissenschaften in Barcelona und war Richter. Er begann seine literarische Laufbahn als Mitarbeiter literarischer Zeitschriften und trat dann als Lyriker hervor. Seine Aufsätze als Kunstkritiker sind in den Büchern *El arte en las artes* (1964) und *La cultura y el mundo visual* (1968) gesammelt. Seine Gedichte aus der Nachkriegszeit sind in einem Band 1978 neu veröffentlicht worden: *Poesia 1947–1973*. Den größten Umfang nimmt aber sein erzählerisches Werk ein. Darunter fallen Titel wie *Roses, somriures i diables* (1965), *Aparicions i fantasmes* (1968), *Històries apòcrifes* (1974), *Monstruari fantàstic* (1976) oder *Museu d'ombres* (1981). Er hat drei Romane veröffentlicht, *Llibre de cavalleries* (1957), *Les històries naturals* (1960) und *Les aventures del cavaller Kosmas* (1981), für den er den begehrten Literaturpreis »Ramon Llull« erhielt.

Das Werk Peruchos hebt sich innerhalb der katalanischen Literaturlandschaft durch seine Originalität, Imagination und Phantasie ab. Es ist eine Fundgrube für literarische Anspielungen und Querbezüge, die das Lesevergnügen erhöhen. Nicht zuletzt deshalb gehört er zu den meistgelesenen Autoren der Gegenwart.

Hercules Poirot und die Quellen von Beaulieu (»Hercules Poirot i les aigües de Beaulieu«) und *Graf Dracula und Bram Stoker in Luhaschowitz* (»El conte Dràcula i Bram Stoker a Luhaschowitz«) erschienen 1975 in dem Band *Els balnearis.*

Baltasar Porcel (Andratx / Mallorca, 1937)
Romancier, Dramatiker und Journalist. Lebt und arbeitet in Barcelona. Der Beruf des Journalisten eröffnete ihm die Möglichkeit, ausgedehnte Reisen im Mittelmeerraum, in Fernost und in Afrika zu unternehmen. Einen großen Bekanntheitsgrad erreichte er in den 60er Jahren, als er zahlreiche Interviews in »Serra d'Or« und in der spanischsprachigen Zeitschrift »Destino« veröffentlichte. Als dramatischer Autor trat er mit Stücken hervor, die von der Existenzphilosophie, dem Theater des Absurden und dem Brechtschen Modell beeinflußt waren. Sein gesamtes dramatisches Werk erschien in überarbeiteter Fassung 1965 unter dem Titel *Teatre*. Seitdem hat sich Porcel zunehmend dem Roman gewidmet. Sein erzählerisches Werk kann in zwei Phasen aufgeteilt werden. Die erste hat die Mythen und Legenden seines Geburtsortes Andratx zum Inhalt, während sich in der zweiten Phase die Erfahrungen des Kosmopoliten niederschlagen. Der erste Roman *Sol negre* erschien 1961. Es folgten *La lluna i el Cala Llamp* (1963), *Els escorpins* (1965), *Arran de mar* (1967), *Els argonautes* (1968), *Difunts sota els ametllers en flor* (1970) und *Cròniques d'atabalades navegacions* (1971). Mit *Cavalls cap a la fosca* (1975) schloß er den Andratx-Zyklus vorläufig ab und wandte sich anderen Schauplätzen zu. 1979 erschien der Erzählband *Reivindicació de la vídua Txing*, gefolgt von den Romanen *Les pomes d'or* (1980) und *Els dies immortals* (1984). Seine Erzählungen sind in verschiedenen Ausgaben gesammelt, zuletzt in *Tots els contes* (1984). Seine besten journalistischen Texte über die Balearen erschienen im gleichen Jahr unter dem Titel *Les Illes, encantades*. Der gepflegte, ausdrucksvolle Stil seiner Prosa hat ihm zahlreiche Preise eingebracht.

Das Geheimnis vom Eichenwald oder Das Pestjahr (»El misteri de l'alzinar o l'any de la pesta«) entstammt dem Andratx-Zyklus. Die Erzählung erschien 1982 in *El misteri de l'alzinar i altres contes.*

Carme Riera (Ciutat de Mallorca [d.i. Palma], 1948)
Erzählerin und Romanschriftstellerin. Studierte Philologie und ist an der Universitat Autònoma de Barcelona als Professorin für Literatur tätig. Ihr erstes Werk war *Te deix, amor, la mar com a penyora* (1975), eine Sammlung von Erzählungen, durch die sie sehr schnell eine breite Anerkennung erfuhr. Es folgte *Jo pos per testimoni les gavines* (1977), das in Stil und Thematik dem ersten ähnelte und ihre Popularität bestätigte. In beiden Büchern steht die psychologische Beschreibung der weiblichen Protagonisten im Vordergrund, konzentriert auf den Bereich der zwischenmenschlichen Beziehungen. Der Grundton ihrer Erzählungen ist vornehmlich lyrisch und führt in die Welt der Empfindungen. Ihr dritter Erzählband *Epitelis tendríssims* (1981) versammelt eine Reihe erotischer Erzählungen, in denen die Autorin eine neue Schreibweise einführt. Mit ihrem ersten Roman *Una primavera per a Domenico Guarini* (1981) gewann sie den Literaturpreis »Prudenci Bertrana«. Der Roman handelt von der Geschichte einer Frau auf der Suche nach den Beweggründen Domenico Guarinis, der einen Anschlag auf Boticellis Bild »La primavera« verübt hat. Ihre Suche verwandelt sich jedoch allmählich in eine Innenschau ihrer eigenen Persönlichkeit. Ihre bislang letzte Veröffentlichung ist die lange Erzählung *Qüestió d'amor propi* (1987), die in dem von der Autorin häufig angewandten epistolaren Stil die Selbsttäuschung und die Liebesunfähigkeit der weiblichen Hauptgestalt schildert. Die Entdeckung des Ich und der zwischenmenschlichen Beziehungen bilden die Achse der Erzählkunst Carme Rieras.

Die Erzählung *Und laß als Pfand, mein Liebling, dir das Meer* (»Te deix, amor, la mar com a penyora«) entstand 1974.

Miquel Àngel Riera (Manacor / Mallorca, 1930)
Romancier und Dichter. Studierte Rechtswissenschaft. Er trat zunächst mit den Lyrikbänden *Poemes a Nai* (1965), *Biografia 1969–1970* (1974), *Paràbola i clam de la cosa humana* (1974), *La bellesa de l'home* (1974) und *Llibre de benaventurances* an die Öffentlichkeit. Sein erzählerisches Werk setzt mit *Fuita i martiri de Sant Andreu Milà* (1973) ein, das einen Zyklus mit dem Spanischen Bürgerkrieg als Hintergrund er-

öffnet. Dazu zählen *Morir quan cal* (1973) und *L'endemà de mai* (1978), die mit zahlreichen Preisen ausgezeichnet wurden, darunter dem »Premi de Sant Jordi«, 1973, dem »Premi de la Crítica ›Serra d'Or‹« 1975 und dem »Premio Nacional de la Crítica – novela catalana« 1978. Den historischen Rahmen verläßt Riera auch in dem folgenden Roman *Panorama amb dona* (1983) nicht. Er behandelt die Rache einer Frau, deren Ehemann standrechtlich erschossen wurde. Seine Erzählungen sind unter dem Titel *La rara anatomia del centaures* (1979) veröffentlicht. Das Werk Rieras zeichnet sich durch einen gepflegten Stil und große Dichte aus und nimmt einen wichtigen Platz in der katalanischen Gegenwartsliteratur ein. Er gehört zu der Gruppe mallorkinischer Autoren, die zur »Generation der 50er Jahre« zählen und die Verbindung herstellen zwischen der »Generation der Republik« und der heutigen Generation.

Die Erzählung *Der zweite Tod* (»La segona mort«) entstand 1976.

Merçè Rodoreda (Barcelona, 1909–1983)
Erzählerin und Romanschriftstellerin. Nahm schon sehr früh ihre literarische Tätigkeit auf, die 1938 in der Veröffentlichung des Romans *Aloma* mündete. Obwohl sich die Autorin von ihrem Frühwerk distanzierte, erlaubt es eine vorurteilsfreie Lektüre, darin die ersten Kennzeichen ihrer späteren Werke nachzuverfolgen. *Aloma* ist ein psychologischer Roman, der die allmähliche Entdeckung der Welt durch eine heranwachsende Protagonistin beschreibt. Krieg und Exil behinderten die Arbeit Rodoredas, die von 1954 an in Genf als Übersetzerin bei internationalen Organisationen tätig war. 1957 wurde ihr der Erzählerpreis »Victor Català« für ihren Band *Vint-i-dos contes* verliehen, der die Rückkehr zur Literatur ankündigte. 1962 wurde der Roman *La plaça del diamant* veröffentlicht, der ihr eine breite Anerkennung und viele Übersetzungen, darunter auch die deutsche (»Auf der Plaça del Diamant«, 1979), einbrachte. 1966 erschien *El carrer de les Camèlies*, gefolgt von *Jardí vora del mar* (1967) und dem Erzählband *La meva Cristina i altres contes* (1967), in dem sie das phantastische Element bei der Realitätsschilderung einführte. Das wichtigste Werk dieser letzten Periode ist *Mirall trencat* (1974) (deutsch: »Der zerbrochene Spiegel«, 1982). Die sehr persönliche, teils lyrische Prosa Rodoredas konfrontiert den Leser mit der Problematik und dem Verhalten weiblicher Gestalten, die oft Außenseiterpositionen einnehmen und eine Form der

Auseinandersetzung mit der Wirklichkeit suchen, von der sie sich beherrscht oder bedroht fühlen. 1980 erhielt Rodoreda den Ehrenpreis der katalanischen Literatur.

Das Huhn (»La gallina«) und *Der Fluß und das Boot* (»El riu i la barca«) erschienen in dem Band *La meva Cristina i altres contes* 1967. Abdruck aus: Merçè Rodoreda, *Der Fluß und das Boot*, Frankfurt 1986. Mit freundlicher Genehmigung des Suhrkamp Verlags.

Llorenç Villalonga (Ciutat de Mallorca [d.i. Palma], 1897–1980) Romancier, Erzähler und Dramatiker. Seine Familie gehörte dem mallorkinischen Landadel an. Er studierte Medizin und spezialisierte sich auf das Fach Psychiatrie. In Paris lernte er das Werk Prousts kennen, das großen Einfluß auf ihn hatte. Den Arztberuf übte er bis 1967 in einer psychiatrischen Heilanstalt in Mallorca aus. Sein erster Roman *Mort de dama* (1931), der eine satirische Vision der Aristokratie und der literarischen Zirkel in Mallorca enthält, war zum Zeitpunkt seines Erscheinens sehr umstritten. Nach dem Bürgerkrieg wandte sich Villalonga der literarischen Verarbeitung der ländlichen Welt Mallorcas zu, die dem Einbruch der modernen Gesellschaft und ihrer sozialen Dynamik ihre Mythen entgegenzusetzen versucht. Sein bedeutendster Roman, der zunächst 1956 ohne Erfolg in spanischer Sprache veröffentlicht wurde, ist *Bearn* (1961). Weitere Romane sind *La novel·la de Palmira* (1952), *L'hereva de Donya Obdúlia* (1964), *La Lulú* (1970), *El misantrop* (1972) und *Flo La Vigne* (1974). Seine Erzählungen erschienen in *El lledoner de la clastra* (1958) und *El llumí i altres narracions* (1968). Von seinen dramatischen Werken ist *Desbarats* (1965) hervorzuheben. Llorenç Villalonga, der zunächst in spanischer Sprache schrieb und die katalanische Kultur ablehnte, entwickelte sich zu einem der wichtigsten Autoren der katalanischen Nachkriegsliteratur.

Julieta Récamier entstand 1931.